# 소속노총의 조절효과로 본 노조간부의 파업성향

-소속 노총의 조절효과를 중심으로-

# 소속노총의 조절효과로 본 파업성향

## 소속 노총의 조절효과를 중심으로

윤찬성·구건서 著

한국학술정보㈜

# 책머리에

현대사회는 국경 없는 무한경쟁의 시대이다. 이러한 무한경쟁의 시대에 있어서 기업이 존속·발전하기 위해서는 경쟁우위를 확보하여야 하고 경쟁우위를 확보하기 위해서 기술의 우위뿐만 아니라 노사간의 협력과 화합 또한 중요하다 할 것이다. 그런데 한국기업의 현실은 어떠한가? 산업현장에서 매년 발생하는 파업으로 인해 기업과 국민은 불안해하고 노사관계에 대한 한국의 이미지는 나빠지고 있다. 이로 인해 외국의 투자가들은 한국의 전투적인 노사관계로 인해서 투자를 꺼리고 있는 실정이다.

내셔널센터로써 두 개의 노총이 존재하는 상황하에서 파업발생 건수에 있어서 민주노총이 한국노총에 비하여 현저히 높음은 물론, 그 강도에 있어서도 더욱 세다 할 것이다. 2003년 노사분규 과정에서 자살한 노동조합원들은 모두 민주노총 소속이었다는 공통점이 있으며, 최근 몇 년간 발생한 대규모 파업의 경우에도 거의 민주노총 소속 사업장이라는 특징이 있다. 이에 따라 기업의 경영자나 노무담당자는 물론, 노사관계에 관련된 학자들은 한결같이 민주노총이 한국노총에 비하여 투쟁적이고 전투적이라고 말하고 있다.

따라서 이러한 노동조합의 전투성, 즉 파업성향의 원인이 무엇인지를 밝힌다면 대립적 노사관계를 극복하고 협력적 노사관계로 나아갈 수 있는 단초가 될 수 있을 것이고 이로 인해 실추된 한국의 노사관계 이미지 제고는 물론 기업의 경쟁력 강화에도 도움이 된다고 생각한다.

이 같은 문제의식 하에, 한국노조간부들의 파업성향의 결정요인이 무엇인지, 소속노총은 파업성향을 조절하는지, 그리고 민주노총 소속 노조간부의 파업성향이 한국노총 소속 간부에 비하여 실제로 높은지를 살펴보고자 기존의 파업성향에 관한 연구들을 바탕으로 가설을 도출하고 이를 검증하는 실증적 연구로서 이번에 「소속노총의 조절효과를 중심으로 본 파업성향의 결정요인」을 출간하게 된 것이다.

특히 파업성향의 결정요인으로 기존의 연구에서 밝혀진 불만족변수나 몰입변수 외에 개인이 가지고 있는 집단주의 가치관을 독립변수로 설정하였으며, 파업성향에 관한 기존의 연구들은 주로 일반조합원을 연구대상으로 하였지만, 이 책에서는 노동운동을 사실상 주도하고 있는 노조간부의 중요성에 비추어, 노동조합 간부를 대상으로 하였다.

이 책의 구성은 제1장은 서론으로 문제제기와 연구목적 등을 기술하였고 제2장에서는 이론적 고찰로 파업과 파업이론, 파업성향의 결정요인, 집단주의와 파업성향 그리고 한국노총과 민주노총을 비교하였다. 제3장에서는 가설을 도출하는 등 연구모형을 설계하였으며 제4장에서는 설문지로 수집한 실증자료를 분석하여 가설을 검증하고 검증결과를 해석하였고 제5장에서는 연구결과를 요약하고 연구의 시사점과 연구의 한계와 향후 연구방향을 제시하는 것으로 본 연구를 마무리 하였다.

이 책의 출판을 눈앞에 두니 두려움과 부끄러움이 드는 것도 사실이나, 부족한 부분에 대해서는 모든 분들의 질정을 겸허히 수용하여 앞으로 수정 보완할 것을 다짐한다. 아울러 이 책이 나올 수 있도록 출판 제안과 모든 지원을 아끼지 않으신 한국학술정보(주)의 채종준 사장님께 감사를 드린다. 또한 출판기획팀 이명란 선생님을 비롯하여 교정과 편집을 해주신 편집부 직원들께도 감사를 드리며, 한국학술정보(주)의 영원한 발전을 빈다.

2007. 6.

윤찬성

# 차 례

# 제1장 서 론

# 제1절 문제의 제기 및 연구목적

한국의 국가 이미지가 노사관계 후진국으로 고착될 위기에 처했다. 세계적인 경영평가기관인 스위스 국제경영개발원(IMD)이 발표한 노사관계 부문 국제경쟁력 평가에서 한국은 2004년에 이어 2005년에도 조사대상 60개국중 최하위를 차지했다. 비정규직 철폐를 위한 파업, 한미 FTA 반대를 위한 노동계의 파업등 우리나라의 산업현장은 한시도 조용할 날이 없다. 심지어 영국을 방문한 노무현대통령이 영국주요기업 최고경영자들을 초청한 자리에서 "아직도 전투적인 노조가 강경하지만 국민정서 때문에 수세에 몰려 있다"고 말했을 정도이다(연합뉴스, 2004. 12. 03). 2003년 11월 20일 서울에서 열린 세계화 금융국제회의에서 미국 국제금융연구소 찰스 달라라 소장은 외국투자가가 투자결정을 하면서 가장 걱정하는 부분은 한국의 노사관계라며 대부분의 외국투자가가 한국의 강성노조를 위험요소로 인식하고 있으며, 한국이 동북아의 금융중심지로 발전하기 위해서는 강성노조 문제를 해결하는 것이 급선무라고 말했다(동아일보, 2003. 11. 21.).

두산중공업노조원 배달호의 분신(2003. 1. 9.), 세원테크노조 이해남 지회장의 분신(2003. 10. 23.), 근로복지공단 비정규직 이용석의 분신(2003. 10. 26), 그리고 한진중공업노조 김주익 지회장(2003. 10. 17.)과 노조원

14

곽재규의 자살(2003. 10. 30.) 등 우리 사회는 과거 근로기준법을 준수하라고 외치며 분신자살한 1970년대 전태일시대[1]로 돌아간 듯한 느낌이다.

2004년 하반기에 들어서도 LG Caltex 파업(2004. 7. 14), 지하철파업(2004. 7. 21.)에 이어, 사상 초유의 전국공무원노동조합의 파업(2004. 11. 15.) 사태, 비정규직법안 처리저지를 위한 민주노총의 부분파업(2004. 11. 26.) 그리고 2005년과 2006년의 지역건설노조의 파업과 약 2년 6개월동안 지속되었던 하이닉스매그나칩사내하청노조사태 등 비정규직이슈로 인한 분규 등이 타결되거나 아직도 지속되고 있다.[2]

특히, 현대하이스코의 경우 원청회사인 현대하이스코가 하청노조 내지는 하청근로자에 대하여 아무런 법적 책임이 없음에도 불구하고 하청노조의 불법적인 물리적 공격 끝에 하청노조원 전원에 대하여 협력사에 원직복직되도록 합의하였다.

또한 김주익 지회장의 자살사태까지 초래한 한진중공업의 파업사태(2003. 7. 22.)는 노조의 요구사항인 손해배상 및 가압류 해제와 해고자 복직 등 노조 요구사항을 전면적으로 수용함은 물론 심지어는 회사 측 책임자에 대한 처벌요구까지도 회사가 수용했는가 하면, 2007년 연초에 발생한 현대자동차의 성과급을 둘러싼 파업에서도 회사는 '그동안

---

1) 전태일(1948-1970)은 17세에 서울 평화시장 의류업체의 근로자가 되었고, 1969년 평화시장의 열악한 작업환경에서 어린 공원들이 중노동에 시달리자 동료 재단사들과 함께 바보회를 결성하여 평화시장의 노동조건 실태를 조사한 후 조사결과를 토대로 노동청과 서울시에 근로조건 개선을 요구하는 진정서를 제출했지만 묵살당하고, 근로자를 선동했다는 이유로 해고를 당한다. 1970년 평화시장의 노동조건 실태를 재조사하여 근로시간단축과 주휴제실시, 환풍기설치, 임금인상, 다락방폐지, 건강진단실시 등의 요구조건을 노동청에 진정하였으나 받아들여지지 않았고, 1970년 11월 13일 평화시장 앞길에서 시위를 벌이던 중 경찰의 제지로 해산당하게 되자 온몸에 휘발유를 뿌리고 분신자살하였다. 그의 죽음은 그 뒤 노동운동전개에 큰 계기를 마련해 주었으며 70년대 노동운동의 새로운 지평을 연 것으로 평가되고 있음.

2) 하이닉스매그나칩사내하청(2004. 12. 15), 현대하이스코사내하청(2005. 8. 4), 기륭전자(2005. 08. 24), KM&I사내하청(2005. 11. 07), KTX(2006. 5. 16)등 사내하청노조들이 정규직화등을 요구하며 장기간 분규상태에 놓여 있었으며, KTX등은 아직도 미해결 상태에 놓여 있음.

내려왔던 나쁜 관행은 없어져야 한다며 양보없이 원칙대로 하겠다'던 회사의 입장도 결국에 여지없이 무너졌다.[3]

다른 나라에 비하여 상대적으로 낮은 10%대의 노동조합 조직률을 기록하고 있음에도 불구하고 전투적 노사관계의 이미지를 가지고 있는데[4], 노조간부들은 어떠한 이유로 파업을 감행할까? 대체 우리나라의 노동조합은 어찌하여 이렇게 막강한 힘을 가지고 있으며, 어찌하여 그렇게 투쟁적이며 전투적일까? 투쟁성이 강한 이유로 교섭상대방인 사용자에 대하여 배타성을 가지고 있는 집단주의 문화 내지는 집단주의 가치 때문은 아닐까? 또한 우리나라 노사관계를 이끌어 가고 있다고 해도 과언이 아닌 소속노총은 파업성향에 어떠한 영향을 미칠까? 이러한 물음에 대한 해답을 얻고자 이 논문을 준비하게 된 이유이다.

본 논문은 이 같은 문제인식하에 노동조합의 투쟁성, 즉 파업성향에 영향을 미치는 요인이 무엇이며, 소속노총은 파업성향에 대해서 조절효과를 가지고 있는지, 개인이 가지고 있는 집단주의 가치는 파업성향에 영향을 미치는지를 밝히는 것이 본 논문의 목적이다.

## 제2절 연구방법 및 범위

그동안 파업성향에 관한 연구는 주로 일반 조합원을 대상으로 하였

---

3) 2006년 성과급 지급을 놓고 회사가 생산목표 98%달성을 이유로 성과급 100%를 지급하자 노조가 150%를 달라며 반발하여 파업을 하였고, 급기야 노사간에 '조건부 성과급지급'에 합의하여 150%의 성과급을 지급하였음(출처: 머니투데이, 2007. 01. 17)
4) 2002년 말 기준으로 볼 때, 우리나라의 노동조합 조직률은 11.6%, 영국은 29.0%, 미국은 13.2% 독일은 22.3%, 일본은 20.2%, 프랑스는 8.0%(출처: 노동부, 중앙일보, 2004년에서 재인용)이며, 2004년 기준으로 할 경우 우리나라의 노동조합조직률은 10.6% 임.

다. 그러나 한국에서 노동조합은 사실상 노조위원장, 부위원장, 대의원, 상임집행간부 등과 같은 소수의 노조간부에 의해서 이끌어진다고 해도 과언이 아니다. 따라서 노동조합의 과격성·투쟁성을 이야기하면서 일반 노동조합원을 대상으로 연구하는 것보다는 오히려 그 노동조합을 이끌고 있는 노동조합 간부들의 파업성향을 연구하는 것이 더욱 적절하다 할 것이다. 따라서 이 점에 착안하여 노조간부를 대상으로 하였다.

본 연구에서는 파업성향에 관한 각종 관련서적 및 연구논문 등 문헌 연구를 통해 모형과 가설을 설정한 후 설문지를 이용하여 가설을 검증하는 실증 연구를 하였다. 특히 우리가 언론이나 각종 자료 등을 통해서 민주노총이 한국노총에 비하여 강성이고 전투적이라고 느끼는 것이 사실인지를 확인하고자 하였기 때문에 노조간부의 파업성향이 한국노동조합총연맹(약칭 한국노총, Federation of Korean Trade Unions: FKTU)과 전국민주노동조합총연맹(약칭 민주노총, Korean Confederation of Trade Unions: KCTU)에 따라서 차이가 있는지를 밝히고자 하였다. 따라서 연구대상을 양 노총 중 업종 등 제반 상황이 비슷하면서 우리나라 노동운동을 선도하고 있다고 할 수 있는 금속산업의 노동조합을 연구대상으로 삼았다.[5]

연구방법은 문헌 연구와 실증 연구를 병행하였다. 우선 문헌 연구를 통해서 파업성향의 결정요인을 도출한 후 모델과 가설을 설정하였으며 설정된 가설을 검증하기 위하여 설문지를 통한 실증 연구를 실시하였다. 회수된 설문지는 사회과학 통계패키지인 SPSS 12.0을 이용하여 타

---

5) 한국노총 산하에 금속노동조합연맹(약칭 금속노련)이 있으며, 민주노총 산하에 금속산업노동조합연맹(약칭 금속연맹)이 있는데, 2002년 말을 기준으로 양 연맹의 규모는 한국노총 산하 금속연맹은 676개의 노동조합에 조합원 수 109,140명이며, 민주노총 산하의 금속산업연맹은 240개의 노동조합에 조합원 183,190명이다. 민주노총 소속 금속연맹이 한국노총 소속 금속노련에 비하여 노동조합 수가 적음에도 불구하고 조합원 수가 많은 것은 현대자동차, 기아자동자, 대우조선, 두산중공업 등 대규모기업의 노동조합이 민주노총 산하의 금속연맹 소속이기 때문임.

당성과 신뢰성을 검증하고 이어서 가설 검증을 위하여 상관관계 분석, 다중회귀분석 등을 실시하였다.

본 논문은 총 5장으로 구성되어 있으며 제1장은 서론으로 문제의 제기 및 연구방법 및 범위를 기술하였으며, 제2장에서는 제1절에서 파업이론을 기존의 경제적 이론 등과 함께 파업성향 이론을 살펴보았고 제2절에서는 파업성향의 결정요인을 기존의 선행연구를 통하여 살펴보았고 제3절에서는 집단주의에 대하여 살펴보았으며, 제4절에서는 파업의 주체로서 노동조합에 대하여 살펴보았다. 제3장에서는 제2장의 이론적 고찰을 통해서 모형과 가설을 설정하였으며, 제4장에서는 설문조사를 통해서 수집된 자료를 SPSS 12.0으로 분석하여 제3장에서 설정된 가설을 검증하고 조사결과에 대한 분석 및 해석을 하였다. 끝으로 제5장에서는 연구결과의 요약 및 시사점, 연구의 한계 및 향후연구의 방향 등을 제시하였다.

# 제 2 장  이론적 배경

# 제1절 파업 및 파업이론

## 1. 파업 및 파업성향의 정의

파업이란 흔히 보상이나 근로조건의 변경이 있을 때까지 근로자들이 집단적으로 노동의 제공을 거부하는 것이라거나(Mills, 1986) 다수의 근로자가 근로조건의 유지 또는 개선이라는 목적을 쟁취하기 위하여 조직적인 방법으로 그리고 공동적으로 노무제공을 거부하는 행위(김형배, 1997)라고 정의된다. '노동조합및노동관계조정법'에서는 파업에 대한 정의를 하고 있지는 않지만, 이를 포괄하는 쟁의행위 개념으로 정의하고 있는데, '노동조합및노동관계조정법' 제2조 6호에 의하면 "쟁의행위라 함은 파업·태업·직장폐쇄 기타 노동관계당사자가 그 주장을 관철할 목적으로 행하는 행위와 이에 대항하는 행위로서 업무의 정상적인 운영을 저해하는 행위를 말한다"고 정의하고 있다. 여기서 직장폐쇄는 사용자의 쟁의행위인 반면, 파업과 태업 등은 노동조합의 쟁의행위라 할 것이다. 결국 이러한 파업은 노동조합이라는 단체가 그들의 주장을 관철시킬 목적으로 사용자에 대하여 집단적으로 노무제공을 거부함으로써 압력을 가하는 수단이다.

이러한 파업은 노동조합이 주도하는 것이다. 파업은 평화적인 단체교섭의 결렬로 인하여 단체협약의 체결에 실패한 경우에 행해지는 것을 전제로 하고 있다. 그러므로 단체교섭권한이 없는 근로자단체나 근로자 개인은 '노동조합및노동관계조정법'상의 파업의 주체가 될 수 없다. 노동조합의 목적이 근로조건의 유지·개선에 있으므로 파업의 목적 역시 근로조건의 유지·개선이다. 그러므로 집단적으로 노무제공을 거부하면서 작업장을 점거한다든가 시설물을 파괴하는 것은 '노동조합및노동관계조정법'상 합법파업으로 인정되지 않는다.

이상과 같이 파업은 노동조합이 자신들의 주장을 관철할 목적으로 집단적으로 노무제공을 거부하는 것이므로 주체와 목적 그리고 수단이 법적 요건을 충족하여야만 정당한 파업으로 인정받을 수 있는 것이고, 그렇지 못한 경우에는 불법파업이 된다.[6]

한편, 파업성향이란 투쟁성(militancy; propensity to strike), 파업성(striking), 파업 의사(willingness to strike) 및 노조활동 참가(participation in union activities) 등과 비슷한 개념 혹은 이들 개념에 대한 광의의 개념으로 정의되어 왔으며, 파업에 대한 질적 측정개념이라고 할 수 있다.

파업의 성공은 파업에 참여하고 협조하고자 하는 조합원들의 의지에 달려 있음은 명백하다. 파업(strike)과 파업성향(militancy)의 차이는 파업이 실제적인 행동을 나타내주는 반면, 파업성향은 그러한 실제적인 행동에 참여하고자 하는 근로자들의 의지를 나타내는 것이다. 그러므로 파업성향은 파업의 좋은 설명변수라 할 것이다.

---

6) 불법파업의 대표적인 예로 1) 주체의 경우 노동조합이 파업을 주도하지 않은 파업으로 산고양이파업(Wild Cat Strike)을 들 수 있으며, 2) 목적의 경우 파업의 목적이 근로조건의 개선에 있지 않고 타 노조를 지원하기 위한 동정파업 및 단체교섭의 대상이 아닌 사항을 이유로 한 파업(예로, 노동법 개정 반대파업, 구조조정 반대 파업, 해고반대 파업 등) 등을 들 수 있으며 3) 절차의 경우 조합원 과반수의 직접·비밀·무기명투표에 의한 조합원 과반수의 찬성을 얻지 못한 파업이나 직장을 검거하고 기물을 파손하는 파업 등이 그 예라 할 것이다.

파업성향의 형태는 파업에 대한 지지, 파업에 대한 참가 의사, 파업에 대한 실제참가 정도 등 그 형태가 연구자에 따라 다양하며, 태도적 파업성향(attitudinal militancy)과 행동적 파업성향(behavioral militancy; propensity to strike)으로 나누기도 하는데, 태도적 파업성향이란 파업이나 단체교섭, 노조결성(unionization), 직업별 연합체 등에 관한 근로자(subject)들의 견해라거나(Allutto & Belasco, 1974), 어떤 이슈나 문제의 해결에 있어서 교섭상대방인 사용자 측에게 영향력을 행사하고자 하는 경향(Shirom, 1977)이라고 정의되고 있다. 반면, 행동적 파업성향은 파업 이외의 작업장 행동에 실제행동에 참여(Shutt, 1982), 또는 고용관계하에서 노조정책에 대한 지원행동에 실제 참여하려는 의지(Klandermans, 1984a, b, 1986), 또는 파업에 실제 참여하려는 의사(Martin, 1986; Cohen, 1992)로 정의하고 있다.

이처럼 태도적 파업성향은 파업 등에 대한 일반적인 태도로서 파업성향을 보고 있는 관점인 반면, 행동적 파업성향은 파업에 의존하고자 하는 노조원들의 행동적 의사 또는 실제참여로서 파업성향을 보고 있는 관점이다. 즉 행동적 파업성향은 파업 등에 대한 호의적 태도 또는 지지에서 한발 더 나아가 파업 등에 대해 실제 참가하거나 또는 참가하려는 의지라 할 것이다.

파업이 왜 발생하는지에 관한 이론으로 경제적 요인에 의해서 파업이 발생한다고 보는 경제적 이론, 정치적 이유에 의해서 파업이 발생한다고 보는 정치적 이론, 그리고 심리적 요인에 의해서 파업이 발생한다고 보는 파업성향 이론 등으로 나눌 수 있다. 이하에서는 각 이론들에 대해서 간략히 소개해 보기로 한다.

## 2. 파업이론

### 1) 경제적 이론

24

가. 힉스의 파업이론

파업이 경제적 요인에 의해서 발생한다고 주장한 대표적인 학자는 Hicks (1963)였다. 또한 그의 파업에 관한 연구는 이후 풍부한 계량적 연구를 가져오는 데 선구적 역할을 하였다. Hicks(1963)에 의하면, 노동조합은 일상적인 생활수준을 보장받고, 적정임금을 유지하며, 초과이윤에 대하여 근로자에게 적정배분을 요구하는 것으로 통상적인 목표로 한다고 정의되고 있다. 따라서 노조가 파업을 결정했을 때 노조에 있어서 파업은 근로자에게 경쟁적인 상태보다 좀 더 유리한 조건을 보장받기 위한 무기라 할 수 있다.

Hicks(1963)의 모형은 노조와 사용자 간의 상충관계(trade-off)에서 출발한다. 노조가 임금인상을 요구할 때 사용자가 선택할 수 있는 대안은 더 높은 임금을 지불하든지, 파업을 감수할 것인지에 대한 양자택일이다. 그러나 두 가지 대안은 모두 사용자의 수입 감소를 초래한다. 이 경우 사용자의 최적선택은 파업감수로 인한 손실과 노조의 요구를 받아들이는 데 따르는 기대비용이 일치하도록 임금수준을 선택하는 것이다. 이것이 <그림 2-1>에서 사용자의 양보곡선(employer's concession schedule: ECS)으로 표시되어 있다. 한편, 노조의 입장에서는 더 낮은 임금보다는 오히려 파업을 선택하게 되는데 노조의 저항곡선(union's resistance curve: URC)도 <그림 2-1>에 표시되어 있다.

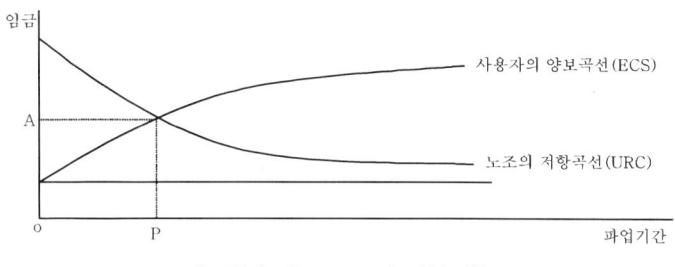

〈그림 2-1〉 Hicks의 파업모형

25

　〈그림 2-1〉에서 보는 것처럼 ECS는 우상향의 기울기를 가지고 있는데, 이유는 파업이 계속됨에 따라 노조 측에서는 임금의 손실을, 기업 측에서는 수익의 감소를 가져오기 때문이다. Pen(1952)은 이것을 파업이 지속됨에 따라 노사 간의 비용이 상승하기 때문에 나타난 결과라고 해석하고 있다.

　또한 두 곡선의 기울기는 여러 요인에 의해서 결정되는데, URC는 파업기금의 크기, 노동시장의 조건, 사용자의 이윤에 대한 예측치, 파업에 대한 여론 등에 의해서 결정되고, ECS는 파업 직전의 재고량, 재무구조, 시장구조, 총비용 중 고정비용이 차지하는 비율 등에 의해서 영향을 받게 된다(Comay et al., 1974). 여기에서 OA는 성공적인 교섭으로부터 초래되는 임금수준을 나타내며, 이때 기대파업 기간은 OP이다.

　그러나 만일 양자가 지극히 합리적이고, 교섭에 관한 정보를 완전히 알 수 있다면 파업을 통하지 않고서 OA만큼의 성공적 교섭에 이를 수도 있다. 그러나 파업은 현실적으로 발생하고 있는데 이를 보통 힉스의 역설(Hicks Pradox)이라고 부른다. Hicks(1963)는 파업의 발생이유를 다음 두 가지로 설명하고 있는데, 첫째, 노조가 파업을 일으키는 이유는 미래의 교섭능력을 높이기 위함이며, 둘째, 그릇된 협상의 결과로 파업이 발생한다는 것이다. Hicks는 후자의 이유를 더욱 중요한 파업의 원인으로 보고 있는데, 이것은 주로 교섭당사자가 비합리적이거나 불완전한 정보(imperfect information)를 가지고 있기 때문에 상대방의 교섭상의 위치에 대한 그릇된 예측을 하게 되며, 따라서 상대방의 양보곡선에 대한 불충분한 지식으로 인하여 파업 후의 결과를 자신에게 유리하다고 판단하기 때문이다.

Hicks(1963)의 역설을 극복하려는 노력은 Ashenfelter & Johnson(1969)에 의해서 처음으로 이루어졌는데 그들은 Hicks(1963)의 파업모형의 결점인 합리적인 경우에도 파업이 발생하는 것은 노조 내부의 정치적 이유 때문이라고 주장하였다. 즉 이들은 파업이 교섭당사자의 오판이나 비합리적 행위 때문에 발생하는 것이 아니라 노사당사자 즉 노조대표, 사용자, 일반 조합원의 정치적 관계 때문에 파업이 발생한다고 보고 있다. 그들은 노조대표와 사용자는 충분한 교섭정보를 가지고 있지만, 일반 노조원은 그렇지 않다는 가정하에, 파업의 발생을 사용자의 이윤극대화 논리와 노조대표가 일반 조합원의 신임을 얻어야만 노조대표직을 유지할 수 있다는 노조 내부의 정치적 이유로 설명하고 있다. 만약 일반 노조원의 기대임금인상폭이 사용자가 제시한 최대양보제시 금액보다 높을 때 노조대표가 선택할 수 있는 대안은 첫째, 일반 노조원의 기대수준보다 낮은 수준에서 협약을 체결하거나 둘째, 파업에 돌입하는 것인데, 첫 번째의 대안은 일반 노조원의 인준을 받지 못하여 노조대표 자신의 정치적 신뢰를 상실하게 되므로 실제로는 두 번째의 대안이 선택된다는 것이다. 이 경우 실제의 파업발생 과정은 사용자의 반응에 의해서 결정되는데, 사용자가 선택할 수 있는 대안은 협약만료 시 자신의 양보수준을 높여 노조의 마지막 요구를 수락하거나 또는 낮은 수준에서 협약이 체결되도록 파업을 감수하는 것이다. 여기에서 사용자의 최적전략은 파업을 지속하면서 노조 측의 임금인상 요구가 감소하는 데 따르는 이익과 파업에 따른 손실을 비교함으로써 결정된다는 것이다. 따라서 파업의 기능은 일반 노조원의 기대임금수준과 사용자의 지불 가능한 임금수준을 일치시키는 균형 메커니즘의 역할을 한다는 것이다.

## 나. 파업비용이론

Reder & Neumann(1980)은 파업은 노사 쌍방에게 손해를 주기 때문에 노사 쌍방은 파업이 발생하는 것을 피하고 타 결점에 도달하기를 원하게 된다고 주장하고 있다. 즉 파업이라는 행위는 파업비용과 역의 관계에 있다는 단순한 이론을 제시하였다.

그들은 단체교섭이란 단체협약을 체결하기 위한 일련의 협상의 연속이라고 정의하면서 노사는 교섭과정을 통해서 상대방의 협상태도를 익혀 나가며, 협상의 관례(bargaining protocol)를 만들어 나간다고 하였다. 협상의 관례는 협상의 시기, 절차, 협상장소, 대표의 지위와 권한, 협약의 유효기간, 범위, 분쟁의 해결절차, 중재, 조정 등의 내용을 포함하고 있으며, 노사가 협상의 관례를 많이 만들어 두면 예기치 못한 사실로 발생하는 분쟁은 줄어들게 되고 파업의 발생가능성은 작아진다고 한다. 또한 파업의 발생양식을 파업의 손실과 협상의 관례를 통해서 얻어지는 이익을 가지고 설명하였는데, 이는 협상의 관례를 개발하는 목적이 파업으로 인한 손실을 줄이는 데 있으며, 또한 노사의 예기치 못한 사실이 발생할 가능성을 줄이는 데 있다. 따라서 협상의 관례를 개발하는 데 드는 비용이 크다면 상대적으로 개발이익은 줄어들게 된다는 것이다. 이러한 협상의 관례를 개발하는 데 소요되는 비용과 협상의 관례를 개발하여 파업의 손실을 줄임으로써 생기는 이익은 교섭단위의 구조와 특징에 좌우된다고 하였다. 따라서 파업으로 인하여 생기는 손실을 회복하기 어려운 기업이나 산업일수록 협상의 관례를 많이 발달시킬 수밖에 없으며, 많이 발달시킨 협상의 관례로 인하여 파업의 발생가능성은 작아진다는 것이다.

그들은 파업비용에 영향을 주는 변수로 재고량의 조절, 출하량의 변동, 교섭대표의 선거횟수, 실업률, 상대적 임금수준을 가지고 분석하였는데, 분석 결과 ① 재고조절이 쉬운 산업일수록 파업에 대비하여 재고를 늘릴 수 있기 때문에 파업으로 인한 손실이 적어 파업의 발생가능성이 커지고, ② 출하의 변동이 큰 산업일수록 생산예측을 정확하게 하기 어렵기 때문에 파업으로 인한 손실이 커 파업의 발생가능성은 작아지며, ③ 조합대표자 선거가 자주 일어나는 산업일수록 협상의 관례가 정착되지 못하여 파업의 발생가능성은 많아지고, ④ 실업률이 높아질 때 파업발생은 줄어들며, ⑤ 상대적으로 임금이 높은 산업일수록 근로자들의 파업으로 인한 손실이 커지기 때문에 파업이 발생할 가능성은 작아지는 것으로 나타났다.

한편, Maki(1986)도 Reder & Neumann(1980)의 이론을 검증하기 위하여 재고의 변동과 출하량의 변동을 주요 파업비용으로 보고 파업비용과 파업행위는 역관계에 있는가를 검증하였는데 통계적으로 유의한 결과를 얻었다.

다. 비대칭 정보이론

비대칭 정보이론은 Hicks(1963)가 주장한 파업발생 이유 중의 하나인 교섭상대방에 대한 그릇된 판단에 기초를 두고 있다. 즉 그는 파업이 노사양측에 손실을 가져다줌에도 불구하고 파업이 발생하는 이유는 교섭과정에서 상대방의 의도에 대해서 그릇된 판단을 하기 때문이며, 대부분의 파업은 그릇된 협상의 결과이고 교섭상대방에 대한 정확한 지식은 교섭타결을 가능하게 할 것이라고 주장하고 있다.

비대칭 정보이론은 교섭과정에서 노사 교섭당사자가 상대방의 양보곡선을 알기 위해서는 교섭에 관련된 지식(교섭정보)이 필요한데, 이것을 얻는 데는 비용이 들며 이러한 형태의 비용이 파업이라는 것이다. 즉 노사가 상대방의 의도를 모르기 때문에 상대방이 얼마나 양보할 수 있는지를 알아내기 위해서 전략적으로 파업을 사용한다는 것이다(Kennan, 1986).

비대칭 정보이론의 대표적인 학자인 Hayes(1984)는 기업은 제품에 대한 수요를 알고 있지만 노조는 그렇지 못한, 즉 기업성과에 대한 정보의 비대칭성을 기본적으로 가정하고 있다. 제품시장의 상태에 따라서 기업은 유리한 기업과 열악한 기업으로 구분되며, 노조는 파업 없는 높은 임금과 일정기간 파업지속 후의 낮은 임금이라는 두 가지 제안을 한다. 이때 이러한 제안은 유리한 기업의 경우 높은 임금을 즉시 수락하고, 열악한 기업은 낮은 임금으로 타결하기 위하여 파업을 감수하는 것이 더욱 유리할 것이라는 기대하에서 이루어진다는 것이다. 그러므로 파업이 양 당사자 간 합리적 결과일수도 있다고 주장한다.

29

Hayes(1986)는 유리한 상황에 있는 기업은 노조에 의해서 제시된 높은 수준의 요구임금을 수락할 이점을 가지고 있으며, 따라서 파업은 열악한 기업이 노조의 임금인상요구를 수락하지 않는 것이 더욱 유리할 것이라는 판단하에서만 발생한다는 점을 보여주었다.

그의 연구 이후 Aboed & Tracy(1985)는 연속적인 협상의 과정으로서가 아니라 노조의 요구에 대한 '수락 혹은 거부'의 양자택일교섭을 가정하고, 기업은 순수입을 알고 있으나, 노조는 기업의 순수입에 대해서 모르는 상태에서 교섭에 임한다고 가정하고 미국의 1973-1977년의 미시적 협상자료를 이용하여 실증 분석하였는데, 그 결과는 노조의 기업이윤가능성에 대한 불확실성이 클수록 파업발생 및 지속기간은 증가한다는 결과를 얻었다.

한편, Kennan(1986)은 파업의 문제는 Hayes(1984)가 가정했던 것처럼 비협조적 게임이 아니라 노사가 동일한 역할을 담당하는 협조적 게임(cooperate game)으로 해결해야 한다는 관점에서 파업발생에 대한 분석을 하였는데, 협조적 게임을 통하여 공동분배의 몫을 결정하는 최적 메커니즘에서 노조가 ① 경기가 호황이라고 판단할 가능성이 클수록 ② 불황과 호황에서의 진실한 분배 몫의 차이가 클수록 파업이 발생할 가능성은 커진다고 한다.

Hart(1986)는 연속적인 교섭과정에서 노사 간 임금요구 및 제시의 간격이 파업의 결정요인임을 분석하였는데, 그의 연구결과에 의하면 교섭에서의 거래비용이 존재하여 임금제시기간이 길수록 파업이 발생할 확률은 높아진다는 것을 밝혀냈다.

Card(1990)는 기업이윤에 대한 일방적 정보 상황(one sided information)에서 타결임금과 파업이 지속기간 간의 역의 관계를 이론적으로 도출하였는데, 그는 교섭에서 발생하는 기대잉여(expected surplus)가 증가하여 기대이윤이 증가할 때 파업발생 및 파업기간은 감소하고 파업근로자의 다른 소득기회(alternative opportunity)가 증가할 때 파업확률 및 지속기간은 증가한다는 것을 밝혀냈다.

### 2) 정치적 파업이론

파업이 정치적 요인에 의해서 발생한다고 보는 정치적 이론에는 자원동원이론과 정치적 교환이론이 있다.

#### 가. 자원동원이론

이 이론은 파업과 같은 단체행동의 성공은 자원과 조직의 가용성에 의존한다는 것으로서 자원이나 조직의 동원 없이는 파업과 같은 단체행동은 성공할 수 없다는 이론이다. 대표적인 학자로 Shorter & Tilly(1974)를 들 수 있는데, 그들은 프랑스의 파업 연구결과를 통하여 근로자의 조직능력 증가가 파업의 형태를 변형시킨다고 주장한다. 즉 노동조합의 조직능력 증대는 파업의 참가자비율을 증대시킴으로써 파업의 평균크기를 증대시키고, 노동조합의 정치화와 중앙집권화는 파업의 평균지속기간을 짧게 한다는 것이다. 그리고 주요 파업의 증가는 노동자들의 조직력 확대에 기인한다는 것이다.

#### 나. 정치적 교환이론

정치적 교환이론은 국가권력구조에서 근로자의 정치적 위치의 변화, 즉 근로자를 대변하는 정당의 집권과 같은 변화들이 파업의 추세에 영향을 미친다는 것인데, Hibbs(1978)는 정부가 노동자의 통제를 받는 상황하에서는 파업의 압력이 노동시장과 사부문으로부터 정치적 교환이 우세한 공공부문으로 이전된다는 것이다. 그러나 사부문은 자본의 이익이 노동자계급의 이익에 대하여 비교우위를 갖는 반면, 공공부문에서는 노동자계급의 정치적 차원이 보다 유효하게 작용한다는 것이다.

31

Korpi & Shalev(1979) 역시 자본주의 국가에서의 파업은 북구와 오스트리아같이 노동자지향적인 사회민주주의 정당이 정부에 대해 안정적이고 지속적인 통제력을 획득했을 때 감소한다고 하였다.

Hibbs(1978)나 Korpi & Shalev(1979)는 진보적인 정부에 의해서 제도화된 복지정책이 파업을 감소시킨다는 것을 실증적으로 제시한 반면, 단명의 진보적인 정부일수록 근로자가 정부를 자기 측에 보다 우호적이라고 생각하기 때문에 상대적인 우위에 서서 파업을 증가시킨다는 것이다.

### 3) 파업성향 이론

Fishbein & Ajzen(1980)은 의사(intention)와 행동(behavior) 간의 관계를 체계화시켰는데, 그들에 의하면 행동에 직접적인 영향을 미치는 요인은 그 행동을 취할 것인가 아닌가에 대한 개인의 의사라고 한다. 파업성향 이론은 Fishbein & Ajzen(1980)의 의사-행동이론과 같이 근로자가 가지고 있는 파업에 대한 태도나 의사가 실제적 파업의 결정요인이라는 데 착안하여 근로자가 가지고 있는 파업에 대한 태도나 의사를 연구하는 것이다. 즉 파업의 성공은 근로자가 가지고 있는 파업참가에 대한 태도나 의지와 같은 심리적 요인에 의해서 결정된다고 보는 것이다.

경제적 이론이나 정치적 이론 등 파업에 관한 기존의 이론들은 실업률이나 임금과 같은 총계적 자료를 이용하여 파업의 발생빈도나 파업참여의 폭 및 기간 등을 측정함으로 인해서 파업의 국가 간·산업 간 차이를 설명하거나 시간에 따라 변해가는 파업의 추세를 설명하는 데 유용하지만, 파업에 참여하는 근로자 개인의 주관적 심리상태를 반영하지 못하는 단점이 있다. 반면 파업성향 이론은 파업 참여대상이 되는 개별 근로자의 주관적 심리상태에 초점을 맞추고 있으므로 개별근로자들이 각 사업장의 고용구조 내에서 갖게 되는 불만이나 몰입과 같은 태도 등이 파업이라는 집단적 행동으로 표출되는 과정을 분석하는 행동과학적 연구라 할 것이다. 따라서 개인수준에서의 파업 연구인 파업성향 이론에 따른 연구는 근로자 개인이나 집단의 태도·의식이 행동으로 이어지는 과정에 대한 이해를 증진시켜 파업의 구체적 발생원인의 파악과 이에 따른 예방책을 강구하도록 한다는 장점이 있다(이선구, 1990).

이러한 맥락에서 본 연구에서는 개인수준에 초점을 맞추어 노조간부의 파업성향을 연구해 보고자 한다.

근로자의 파업성향 또는 투쟁성을 다룬 연구로 많은 연구가 있지만 대표적인 연구로 Schutt(1982), Martin(1986), Cohen(1992) 등의 연구를 고찰함으로써 본 연구의 모형설계의 기초로 활용하고자 하며, 절을 달리하여 파업성향의 결정요인에 관한 선행연구를 살펴보기로 한다.

## 가. Schutt(1982)의 연구

### ㉠ 파업성향의 정의와 측정

Schutt(1982)는 파업성향이란 근로자의 투쟁적 행동으로서 이는 경영자와의 공격적이고 집단적인 갈등을 의미하는 것이라고 정의하면서 파업에 대한 지지(strike support), 파업 이외의 작업장 행동에 대한 지지(support for work action), 파업 이외의 작업장 행동에의 참여(participation in work action)로 파업성향을 측정하였다.

첫째 지표인 파업에 대한 지지의 경우, 단체교섭이 결렬된 직후 "요구조건이 교섭에서 타결되지 않는다면 파업을 지지할 것인가"라는 질문에 '예', '아니오'로 답하게 함으로써 파업에 대한 지지의 정도를 측정하였다.

둘째 지표인 파업 이외의 작업장 행동에 대한 지지의 경우, 업무와 관련된 중요한 문제가 발생한 경우 그 문제의 해결방안으로써 문제에 관해 동료와의 대화, 부서책임자에게 청원, 부서 내 농성, 부서 밖에서 피케팅 등 각각의 경우에 어느 정도 참여하고자 하는 마음이 있는지를 표시하도록 함으로써 측정하였다.

셋째 지표인 파업 이외의 작업장 행동에의 참여의 경우, 과거 파업 이외의 작업장 행동에 실제로 참여한 정도를 측정하였다.

ⓒ 설명변수의 설정

Schutt(1982)는 파업성향에 영향을 미치는 독립변수로서 크게 4가지를 설정하였는데, 경제적 변수, 불일치 변수, 사회적 배경변수, 정치적 변수가 그것이다.

경제적 변수(economic model)의 경우, 불만족의 원천을 저임금으로 보아 임금과 임금만족을 측정변수로 채택하였으며, 불일치 변수(incongruity model)란 작업장에서 더 큰 통제력을 행사하고 싶은 개개인의 기대수준과 그것의 실현 정도와의 차이를 의미하며, 파업성향의 결정요인으로써 교육수준(대학졸업 여부), 서비스에 대한 만족(service satisfaction), 직위로부터 오는 좌절(positional frustration)을 측정변수로 채택하였다. 사회적 배경변수(social background model)의 경우 나이, 성별, 인종, 출신배경(class background) 및 자녀의 수 등 다섯 가지 변수를 채택하였는데 출신배경의 경우 부모가 화이트칼라(white color)냐 블루칼라(blue color)냐에 따라 구분하였다. 마지막으로 정치적 변수(political model)의 경우 투표율, 현 노조지도자에 대한 지지율, 노조사무실의 존재여부, 노조성과에 대한 만족, 노조간부에 대한 의존 정도 등 다섯 가지를 측정변수로 채택하였는데, 노조간부에 대한 의존 정도는 일과 관련하여 발생하는 고충시 누구와 이야기를 하느냐(노조간부냐 아니면 감독자냐) 등을 질문함으로써 측정하였다.

34

ⓒ 연구결과

Schutt(1982)는 일리노이주 직업안정기관에서 일하고 있는 근로자 819명으로부터 설문을 받아 분석한 결과 첫째, 전체적으로 경제적 변수는 파업성향의 설명변수로서 의미 있는 효과를 주지 못하였다.

둘째, 불일치 변수는 파업성향에 유의미한 설명변수로 나타났다. 특히 승진과 관련이 있는 지위 좌절은 파업지지(strike support)에 정(+)의 효과를 미치는 것으로 나타났으며, 서비스만족은 파업지지에 부(-)의 효과를 미치는 것으로 나타났다.

셋째, 사회적 배경변수의 경우 나이는 파업성향에 부(-)의 효과를 미치는 것으로 나타났으며, 인종의 경우에 있어서도 백인(white)일수록 파업성향에 부(-)의 효과를 미치는 것으로 나타났다. 반면 자녀의 수는 파업성향에 정(+)의 효과를 미치는 것으로 나타났다. 한편, 성과 부모의 사회적 계급(블루칼라냐 화이트칼라냐)은 파업성향에 영향을 미치지 않는 것으로 나타났다.

넷째, 정치적 변수의 경우 투표율, 현 노조대표자에 대한 지지율, 노조사무실의 존재 여부, 노조성과에 대한 만족도 등은 파업성향에 영향을 미치지 않는 것으로 나타난 반면, 노조지도부에 대한 의존성은 파업성향에 정(+)의 영향을 미치는 것으로 나타났다.

나. Martin(1986)의 연구

㉠ 파업성향의 정의와 측정

Martin(1986)은 기존 연구들의 파업성향에 대한 개념을 고찰한 후,

투쟁적 행동과 관련이 있는 변수는 고임금의 추구와 같은 개인적 목표를 위한 파업지지와 관련이 되어 있는 반면, 노조참여와 관련되어 있는 변수는 노조안정과 같은 제도적 목표의 실현을 위한 파업지지와 관련된 것이라고 주장하면서 ① 노조안정과 같은 제도적 파업에의 참여의사 ② 10% 임금인상을 위한 파업에의 참여의사 ③ 24% 임금인상을 위한 파업에의 참여의사에 대하여 과연 며칠이나 참여할 의사가 있는지를 표시하도록 함으로써 파업성향을 측정하였다. 노조안정을 위한 파업에의 참여의사와 24% 임금인상을 위한 파업에의 참여의사의 경우에 있어서는 0-10일, 10-30일, 30-60일, 60-365일 등 4가지 범주로 측정하였고, 10% 임금인상을 위한 파업에의 참여의사의 경우에 있어서는 0일, 0-5일, 5-20일, 20-100일의 4가지 범주로 측정하였다.

ⓒ 설명변수의 설정

Martin(1986)도 파업성향에 영향을 미치는 설명변수로 사회적 배경변수, 경제적 변수, 정치적 변수, 투쟁성 변수 등 4가지 변수를 들고 있는데, Schutt (1982) 등 선행연구의 설명변수들을 취사선택하여 설명변수를 설정하였다.

사회적 배경변수의 경우에 있어서 나이, 민족, 성별, 그리고 근속년수를 측정변수로 설정하였는데, 근속년수를 빼고는 Schutt(1982)가 설정한 변수와 유사하다.

경제적 변수의 경우 Schutt(1982)가 임금과 임금만족으로 측정한 것과는 달리 Martin(1986)은 시간당임금(hourly pay rate)과 임금만족 대신 급여공정성과 파업참가 시의 경제적 곤란도를 측정변수로 추가시켰다.

정치적 변수의 경우에 있어서 중요한 타인의 파업에 대한 지지와 노조에 대한 태도를 측정변수로 설정하였는데, 이는 Schutt(1982)가 내부 상황에 초점을 둔 반면 Martin(1986)은 주변 환경으로부터의 지지에 초점을 두었다. 중요한 타인의 파업에 대한 지지의 경우에 있어서는 가족이나 친구, 이웃 등이 파업에 대해서 호의적으로 생각하느냐 비호의적으로 생각하느냐에 대해서 5점 척도로 측정하였다.

투쟁성 변수의 경우에 있어서는 기존 연구에서는 제시되지 않았던 변수들로 파업지지 의지를 나타내는 감시선 이탈(picket line crossing) 여부와 과격성향(propensity to violence)으로 측정하였는데, 과격성향의 경우 파업 중에 위법행위에 참여할 의사가 있는지와 사용자가 파업을 분쇄하기 위하여 제3자를 대체하는 경우에 위법행위에 참여할 의사가 있는지를 파악함으로써 측정하였다.

ⓒ 연구결과

미시간 주 공립학교에서 교육지원 업무를 담당하는 근로자 418명으로부터 우편설문을 받아 분석한 결과, 첫째, 사회적 배경변수의 경우 나이와 민족(백인)은 파업성향에 부(-)의 효과를 미쳤는데, 특히 24% 임금인상을 위한 파업에의 참여의사에 큰 영향을 미쳤다.

둘째, 경제적 변수의 경우 임금, 임금공정성, 파업 시 경제적 곤란도 등 모든 변수들이 파업성향에 영향을 미치고 있는데, 임금은 파업성향에 정(+)의 영향을 미치는 것으로 나타났지만, 임금공정성과 파업 시 경제적 곤란도는 부(-)의 영향을 미치는 것으로 나타났다. 이 같은 결과는 Schutt(1982)의 연구결과인 경제적 변수가 파업성향에 영향을 미치지 못한다는 것과는 대조적인데, Martin(1986)은 이러한 차이의 이유를 샘플의 특성(공무원 vs 교육지원업무 종사 근로자)과 종속변수인 파업성향의 측정방법 차이 때문이라고 추정하고 있다.

셋째, 정치적 변수의 경우 중요한 타인으로부터의 파업에 대한 지지와 노조에 대한 태도 모두 정(+)의 영향을 미치는 것으로 나타났는데, 노조에 대한 태도가 파업성향에 영향을 미친다는 연구결과는 Schutt(1982)의 연구에서 노조에 대한 만족이 파업성향에 영향을 미치지 못한다는 연구결과와는 차이점을 보여주고 있다. 이러한 이유에 대하여 그는 노조에 불만을 가지고 있는 조합원이 연구대상에 포함되었기 때문이라고 설명하고 있다.

넷째, 투쟁성 변수의 경우 과격성향은 파업성향에 정(+)의 영향을 미치는 것으로 나타났지만, 감시선이탈은 파업성향에 영향을 미치지 않는 것으로 나타났다.

### 다. Cohen(1992)의 연구

#### ㉠ 파업성향의 정의와 측정

Cohen(1992)은 파업성향을 태도적 파업성향(attitudinal militancy)과 행동적 파업성향(behavioral militancy; propensity to strike)으로 구분한 후 태도적 파업성향을 파업 또는 투쟁적 행동에 대한 근로자의 일반적 태도로서 정의한 후 ① 파업분쇄자가 될 것인지 ② 불법이라도 파업에 참가할 것인지 ③ 노조를 위해서는 피켓을 기꺼이 들 것인지 ④ 파업분쇄자에게 경고를 할 것인지를 묻고 이에 대하여 '그렇다'와 '아니다'의 5점 척도로 측정하였다.

행동적 파업성향의 경우 Martin(1986)의 정의와 같이 노조지지하의 파업에 참여하고자 하는 의사로 정의한 후 측정방법 역시 Martin(1986)이 사용한 동일한 지표를 사용하였다.

#### ㉡ 파업성향의 설명변수

Cohen(1992)은 파업성향에 영향을 미치는 설명변수로서 사회적 배경변수, 경제적 변수, 노조사회화 변수, 직무불만족 변수, 직무몰입 변수 등 5가지 변수를 설정하였다. 첫째, 사회적 배경변수의 경우 성, 연령, 교육수준 등 3가지 변수를 설정하였으며, 둘째, 경제적 변수의 경우 임금과 임금만족도 등 2가지 변수를 설정하였다. 셋째, 노조사회화(union socialization) 변수의 경우, Martin(1986)의 정치적 변수에 해당하는 것으로 노조에 대한 타인의 시각을 측정한 것이다. 측정변수로는 ① 노조에 대한 친구나 이웃, 동료근로자 기타 친척들의 태도와 ② 노조에 대한 사회화(socialization to the union) 등 2가지 변수를 설정하였다. 노조에 대한 사회화는 노조원으로서 첫해에 노조미팅에 초대된 정도와 내가 가지고 있는 문제에 대해서 노조 활동가의 도움을 받은 정도로 측정하였다. 넷째, 직무불만족 변수의 경우 기대부합(met-expectation)과 승진 기회 2가지 변수로 측정하였는데, 기대부합의 경우 소득, 직무, 동료근로자와의 관계, 승진, 그리고 상사와의 관계 등에 있어서 자신의 기대에 부합하는 정도를 5점 척도로 측정하였다. 다섯째, 몰입변수의 경우 조직몰입, 노조몰입, 직업몰입(occupational commitment) 등 3가지 변수로 측정하였다.

ⓒ 연구결과

Cohen(1992)은 이스라엘의 직업별 노조인 엔지니어노조와 X-Ray기사노조 조합원 264명으로부터 설문지를 받아 분석한 결과, 첫째, 태도적 파업성향과 행동적 파업성향은 각각 다른 개념이라는 사실을 밝혀냈다. 그동안의 파업성향에 관한 연구에 있어서 파업성향의 태도적 측면이나 행동적 측면을 각각 측정하거나 또는 태도적 측면과 행동적 측면을 동시에 측정하여 파업성향을 복합지표로 보았으나, Cohen(1992)은 행동적 파업성향과 태도적 파업성향이 각각 별개의 개념이라는 사실을 밝힌 후 각각에 대하여 설명변수와의 관계를 측정하였다.

둘째, 태도적 파업성향의 경우 사회적 배경변수 중 나이와 교육수준은 파업성향에 정(+)의 영향을 미치는 것으로 나타났지만 성에는 유의한 차이가 없는 것으로 나타났으며, 경제적 변수와 직무불만족 변수는 태도적 파업성향에 영향을 미치지 못하는 것으로 나타났다. 이는 경제적 변수는 파업성향에 영향을 미친다는 Martin(1986)의 연구결과와 불일치 변수는 파업성향에 영향을 미친다는 Schutt(1982)의 연구결과와는 차이를 보이고 있다. 노조사회화 변수는 태도적 파업성향에 정(+)의 영향을 미치는 것으로 나타났으며, 몰입변수 중 노조몰입은 태도적 파업성향에 정(+)의 영향을 미치는 것으로 나타난 반면, 직무몰입은 태도적 파업성향에 부(-)의 영향을 미치는 것으로 나타났다.

셋째, 행동적 파업성향의 경우 사회적 배경변수에 있어서는 나이가 행동적 파업성향에 부(-)의 영향을 미치는 것으로 나타난 반면, 교육수준과 성은 관련이 없는 것으로 나타났고, 노조에 대한 중요한 타인들의 태도는 행동적 파업성향에 부(-)의 영향을 미치는 것으로 나타났다. 또 노조몰입은 행동적 파업성향에 정(+)의 영향을 미치는 것으로 나타난 반면, 경제적 변수와 불만족 변수는 행동적 파업성향에 영향을 미치지 못하는 것으로 나타났다.

이들 세 연구자들의 연구결과를 요약하면 <표 2-1>과 같다.

〈표 2-1〉 Schutt, Martin, Cohen의 연구 비교

| 구분 | Schutt(1982) | Martin(1986) | Cohen(1992) |
|------|------|------|------|
| 파업<br>성향 | • 근로자의 투쟁적 행동으로써 경영자와의 공격적이고 집단적인 갈등 | • 파업에 참여하고자 하는 의사 | • 파업에 대한 근로자의 일반적인 태도<br>• 파업 참여의사 |
| 파업<br>성향<br>측정<br>방법 | • 파업에 대한 지지<br> -예 또는 아니오<br>• 파업 심리적 요인 작업장 행동에 대한 지지<br> -어느 정도나 참여하려는지<br>• 파업 이외의 작업장 행동에의 참여<br> -실제 참여한 정도 | • 제도적 파업에의 참여의사<br> -0-10일, 10-30일, 30-60일, 60-365일<br>• 저임금인상파업에의 참여의사(10%)<br> -0-10일, 10-30일, 30-60일, 60-365일<br>• 고임금인상파업에의 참여의사(24%) -0일 0-5일, 5-20일, 20-100일 | • 파업분쇄자가 될 거나<br>• 불법파업이라도 참가할 것인지<br>• 노조를 위해 피켓을 기꺼이 들 것인지<br>• 파업분쇄자에게 경고할 것인지(이상 5점 척도)<br>• 제도적 파업에의 참여의사<br>• 저임금인상파업 참여의사<br>• 고임금인상파업 참여의사 |

40

| 구분 | Schutt(1982) | Martin(1986) | Cohen(1992) |
|------|------|------|------|
| 설명<br>변수 | ① 경제적 변수<br>●임금·임금만족<br>② 불일치변수<br>●교육수준·서비스만족,<br>●지위좌절<br>③ 정치적 변수<br>●투표율·노조대표지지율<br>●노조성과만족<br>●노조간부의존도<br>④ 사회적 배경변수<br>●나이·성·인종<br>●출신배경·자녀의 수 | ① 경제적 변수<br>●임금·급여공정성<br>●파업참가 시 경제적<br>곤란도<br>② 투쟁성 변수<br>●감시선이탈·과격성향<br>③ 정치적 변수<br>●파업에 대한 중요한<br>타인에 대한 지지<br>●노조에 대한 태도<br>④ 사회적 배경변수<br>●나이·성·민족<br>●근속년수 | ① 경제적 변수<br>●임금·임금만족도<br>② 직무불만변수<br>●기대부합·승진 기회<br>③ 노조사회화변수<br>●노조에 대한 중요한<br>타인에 대한 지지<br>●노조에 대한 사회화<br>④ 사회적 배경변수<br>●나이·성·교육수준<br>⑤ 직무몰입 변수: ·조직몰입<br>●노조몰입·직업몰입 |
| 연구<br>결과 | ① 경제적 변수는 파업성향에<br>의미 있는 효과를 주지 못<br>함<br>② 지위좌절은 정(+), 서비스<br>만족은 부(-)<br>③ 나이는 부(-), 백인일수록<br>부(-), 자녀의 수는 정(+),<br>④ 노조지도부에 대한 의존성<br>은 정(+) | ① 나이와 백인은 부(-)<br>② 임금은 정(+), 임금<br>공정성과 파업 시 경<br>제적 곤란도는 부<br>(-)<br>③ 정치적 변수 모두 정<br>(+)<br>④ 과격성향은 정(+) | ① 태도적 파업성향과 행동<br>적 파업성향은 다른 개념<br>이다.<br>② 태도적 파업성향: 나이,<br>교육수준, 노조사회화변<br>수, 노조몰입은 정(+),<br>직무몰입은 부(-)<br>③ 행동적 파업성향: 나이,<br>노조에 대한 중요한 타인의<br>태도, 직무몰입 부(-),<br>노조몰입은 정(+) |

# 제2절 파업성향의 결정요인에 관한 고찰

파업성향의 결정요인에 대하여 연구자마다 다양하게 제시하고 있는
데, Shirom(1977)은 개인적 특성, 구조적 특성으로 구분하고 있으며,
Schutt(1982)는 경제적 변수, 불일치변수, 사회적 배경변수, 정치적 변
수로, Martin(1986)은 사회적 배경변수, 경제적 변수, 정치적 변수, 투쟁

성 변수로, McClendon & Klass(1993)은 태도변수, 사회적 지지변수, 파업의 수단성 변수, 파업 시 경제적 곤란도 변수 등으로 구분하고 있다. 연구자들이 파업성향의 결정요인으로 제시한 변수를 요약하면 <표 2-2>와 같은데, 여러 연구자들의 연구결과를 종합하여 분류해 보면 <표 2-3>과 같이 몇 가지로 구분할 수 있겠다.

41

〈표 2-2〉 파업성향의 결정요인에 관한 선행연구

| 연구자 | 연구대상 | 설명변수 | 종속변수 |
|---|---|---|---|
| Allutto & Belasco (1974) | 간호사 및 교사 | • 작업집단(교사, 간호사) · 고용조직(학교 위치, 병원특성)<br>• 결혼상태 · 성별 · 연령 · 연공 · 경력불만족<br>• 대인신뢰도 · 조직몰입 · 직무긴장감 · 역할갈등지각도 | • 파업에 대한 태도<br>• 단체교섭에 대한 태도<br>• 전문직노조에 대한 태도<br>• 직업별연합체 등에 대한 태도 |
| Snarr (1975) | 단위공장의 근로자 | • 파업참가자와 비참가자 간의 특성비교: 성별, 연령, 결혼상태, 자녀유무, 연공, 일하는 배우자의 유무, 주택소유여부, 성장지역, 교육정도, 종교, 기능(소득) 등의 변수상 차이 고찰 |  |
| Fox & Wince (1976) | 공립학교 교사 | ① 선행변수: ·성 · 연령 · 민족 · 부의 직업 · 가족의 노조관<br>② 매개변수: ·근무학교(초, 중, 고) · 학력수준 · 일반적 노조관 · 계층귀속의식 | 파업성향을 나타내는 활동에의 참가와 관련된 15개 항목에 대한 미래참가 의사 정도 및 과거 실제참가여부 |
| Shirom (1977) | 정부기관 종사자 노조 지부의 간부 | ① 개인적 특성: ·연령 · 민족 · 가족 내 위치<br>② 구조적 특성:<br>• 노조규모 · 임시노동자비율<br>• 조합원 1인당 노조예산<br>• 정규노동자비율<br>• 지난 선거 투표율 · 노조간부 근무시간<br>• 지난 선거 부서별 후보자 수 | ① 태도적 파업성향<br>• 비승인 파업에 대한 태도<br>• 분배적 투쟁성<br>• 조정적 투쟁성<br>② 행동적 파업성향<br>• 최근 2년간의 작업중단 빈도<br>• 최근 2년간의 고충발생빈도 |
| Schutt (1982) | 공공지원 기관의 근로자 | ① 경제적 변수: ·임금수준 · 임금만족도<br>② 불일치변수: ·서비스만족 · 학력수준 · 지위좌절감<br>③ 배경변수: ·연령 · 성 · 인종 · 사회적 계급 · 자녀유무<br>④ 정치적 변수: ·투표율 · 현직대표지지 투표 · 노조성과 · 노조사무실 존재 · 노조의존도 | • 파업에 대한 지지<br>• 기타 작업장 행위에 대한 지지<br>• 기타 작업장 행위에 대한 실제참가정도 |

42

| 연구자 | 연구대상 | 설명변수 | 종속변수 |
|---|---|---|---|
| Martin (1986) | 공공부문 서비스직 종사자 | ① 경제적 변수: ·시간당 급여율·파업 시 곤란도·대내적 급여공정성<br>② 정치적 변수: ·중요한 타인의 지지· 노조에 대한 태도<br>③ 사회배경변수: ·연령·연공·인종·성별<br>④ 투쟁성 변수: ·전기협약찬성/반대투표·감시선이탈·전기협약반대투표·과격성향 | ● 노조지지 파업참가 의사<br>● 개인적 목표를 위한 파업 참가 의사<br>　−고임금인상(24%)<br>　−저임금인상(10%) |
| 이선구 (1990) | 자동차산 업근로자 | ① 직장불만족 변수<br>　●경제적 변수(임금, 복지후생)<br>　●비경제적 변수(직무자체, 근로조건, 인사제도)<br>② 파업의 수단성<br>③ 조절변수<br>　●조직/정치적 여건<br>　−준거집단의 영향<br>　−노조 평가<br>　−노조간부 평가<br>　−회사 평가<br>　●사회적 배경변수<br>　−인구통계학적 변수<br>　−일반적 노조관 | ● 파업에 대한 태도<br>● 파업의 참가 의사<br>● 파업에의 실제참가 |
| 문옥륜 & 이기효 (1991) | 병원 근로자 | ① 사회적 배경변수: ·인구통계학적 변수· 일반적 노조관<br>② 직장불만족 변수: ·인사제도·직무특성·근무조건·임금·후생복지<br>③ 조직정치적 변수: ·경영진에 대한 평가·준거집단의 영향·소속노조에 대한 평가·노조간부에 대한 평가<br>④ 파업의 수단성: ·노조의 주장관철가능성·사용자의 양보가능성·임금인상에의 기여가능성 | ● 파업에 대한 태도<br>● 파업참가 의사<br>● 파업행동(실제참가) |
| Cohen, Aron (1992) | 엔지니어 & 엑스레이 기사 | ① 사회적 배경변수: ·성·연령·교육수준<br>② 경제적 변수: ·임금·임금불만족<br>③ 노조사회화변수: ·노조에 대한 주요한 사람들의 평가(친구, 이웃, 동료근로자, 친척)·노조에 대한 사회화<br>④ 직무불만족 변수: ·기대부합·승진 기회 | ① 행동적 파업성향<br>● 노조지지 파업참가 의사<br>● 개인적 목표를 위한 파업참가 의사<br>　−고임금인상(24%)<br>　−저임금인상(10%) |

| 연구자 | 연구대상 | 설명변수 | 종속변수 |
|---|---|---|---|
| Cohen, Aron (1992) | 엔지니어 & 엑스레이 기사 | ⑤ 직무몰입 변수 | ② 태도적 파업성향<br>• 파업파괴자는 결코 되지 않으려는지에 대한 태도<br>• 불법파업이라도 파업에 참여하려는지에 대한 태도<br>• 파업분쇄자에 대해 경고하려는지에 대한 태도 |
| McClendon & Klaas (1993) | 대학 강사 | ① 태도변수: ·직무만족·급여만족·대학당국에 대한 만족·직무몰입·노조몰입·과거노조활동참여정도<br>② 사회적 지지변수: ·파업에 대한 학과의 지지율정도<br>③ 파업의 수단성<br>④ 파업 시 경제적 곤란도 | • 사용자 제안에 대한 수용 의사<br>• 노사관계위원회의 금지명령의 수용의사<br>• 파업기간 동안 투쟁행위에 참여한 정도 |
| 정필선 (1996) | 공기업 근로자 | ① 보상불만족 변수: ·임금·복지후생·승진<br>② 조절변수: ·파업관련규범·노조평가 | • 장래의 파업에 대한 현재의 참가 의사<br>－전반적인 파업성향<br>－합법파업성향<br>－비합법파업성향 |
| Julian Barling et al. (2001) | 대학교 기술직 근로자 | • 노조충성도<br>• 기업몰입<br>• 내부역할 갈등 | • 노조지지 파업참가 의사<br>• 개인적 목표를 위한 파업 참가 의사<br>－고임금인상(24%)<br>－저임금인상(10%) |
| James E.Martin & Robert R. Sinclair (2001) | 식료 잡화점 근로자 | ① 사용자관계(Employer-relation)변수: ··기업몰입·통합적 교섭관점·노사관계<br>② 노조관계(Union-relation)변수: ·노조충성도·노조활동참여도·노조성과에 대한 만족도<br>③ 경제적 변수: ·현재보상수준·파업으로 인한 고충·가족의 고용안정성·타 사로의 이직가능성<br>④ 사회적 배경변수: ·블루칼라배경·근속년수·나이·교육 | • 단협 결렬 시 파업 의사<br>• 10% 임금삭감을 피하기 위한 파업 의사<br>• 10%의 임금인상을 위한 파업 의사<br>• 25%의 임금인상을 위한 파업 의사 |

〈표 2-3〉 파업성향의 설명변수

| 번호 | 구 분 | 설명변수 |
|---|---|---|
| 1 | 사회적 배경변수 | 성, 결혼 여부, 연령, 인종/민족, 근속년수, 급여수준, 교육수준, 자녀유무, 직종, 종교 |
| 2 | 경제적 변수 | 임금 및 임금수준, 파업 시 경제적 고충, 가족의 고용안정성, 타사로의 이직가능성 |
| 3 | 정치적 변수 | 중요한 타인의 지지, 노조에 대한 태도, 노조에 대한 평가, 노조간부에 대한 평가, 회사에 대한 평가, 준거집단의 영향, 소속 노조간부에 대한 평가, 노조에 대한 사회화 |
| 4 | 불만족 변수 | 서비스불만, 지위좌절감, 임금불만족, 복지후생 불만족, 직무불만족, 인사제도 불만족, 근무조건 불만, 승진 기회, 보상불만족(임금, 복지후생, 승진), 경력불만, 직무긴장, 경영참여불만, 노조성과에 대한 불만, 직장불만, 역할갈등 |
| 5 | 몰입변수 | 조직몰입, 직무몰입, 노조몰입, 기업몰입, 노조충성도, 노조활동참여도 |
| 6 | 구조적 특성변수 | 기업규모, 노조규모, 임시노동자비율, 지난 선거 투표율, 노조간부 근무시간, 노조원 1인당 노조예산, 지난 선거의 부서별 후보자 수, 업종 |
| 7 | 기 타 | 투쟁성 변수(감시선이탈, 과격성향), 파업의 수단성 |

# 1. 사회적 배경변수

사회적 배경변수로는 성, 연령, 근속년수, 교육정도, 소득수준, 인종, 직종, 자녀유무 등을 변수로 연구하고 있다.

대체로, 성(gender)의 경우 남성이 여성에 비하여 파업성향이 더 높으며(Allutto & Belasco, 1974; Black, 1983; Snarr, 1975; Fox & Wince, 1976), 나이(age)의 경우에 있어서도 젊은 근로자가 나이 많은 근로자에 비하여 파업성향이 더 높다(Allutto & Belasco, 1974; Black, 1983; Shirom, 1977; Cohen, 1992; Martin & Sinclair, 2001).

근속년수의 경우에 있어서도 근속기간이 짧은 근로자가 더 파업성향이 높으며(Allutto & Belasco, 1976; Martin & Sinclair, 2001), 교육수준(education)의 경우에 있어서도 덜 교육받은 근로자가 더 파업성향이 높다는 것이 일반적인 연구결과이지만(이선구, 1990; Martin & Sinclair, 2001), 교육수준이 높을수록 파업성향이 더 높다는 연구결과도 있다(최정욱, 1991). 이는 이선구(1990)나 Martin & Sinclair(2001)의 연구에서는 학력에 따른 분류를 대졸까지 구분하였으나 최정욱(1991)의 연구에서는 중졸 이하와 고졸 이상으로 구분함으로 인해서 나타난 결과로 생각된다.

불루칼라(blue color)출신의 경우에 있어서도, 불루칼라 집안 출신근로자가 화이트칼라 집안 출신근로자에 비하여 파업성향이 더 높게 나타나고 있으며(Fox & Wince, 1976, Martin & Sinclair, 2001), 인종(race)의 경우 흑인(black members)이 백인(white members)에 비하여 파업성향이 더 높은데, 특히 파업에 대한 지지에 있어서 그러하다(Shirom, 1977; Schutt, 1982; Martin, 1986).

저임금근로자(low salary)가 파업성향이 더 높다는 연구(Shirom, 1977; 이선구, 1990)가 있는 반면, 고임금근로자가 더 파업을 많이 하는 근로자라는 연구도 있다(Snarr, 1975). 이는 파업이 임금인상이라는 노조의 목표를 관철시키기 위한 수단이므로 효과적인 파업을 통해서 임금인상이라는 결과물을 얻었기 때문으로 생각된다. 또한 노조 내의 위치가 높을수록 파업성향이 높은 것으로 나타났다(최정욱, 1991).

## 〈표 2-4〉 사회적 배경변수에 따른 분류

| 구 분 | 파업성향과 관계 | | |
|---|---|---|---|
| | 정(+)의 효과 | 부(-)의 효과 | 관계없음 |
| 성(남성) | Allutto & Belasco(74)<br>Fox & Wince(76)<br>최정욱(91),Snarr(75) | | Shutt(82)<br>Martin(86)<br>Cohen(92) |
| 연 령 | Cohen(92, 태도적 파업성향) | Allutto & Belasco(74)<br>Fox & Wince(96)<br>Shirom(77), Schutt(82),<br>이선구(90), Martin(86)<br>문옥륜 & 이기효(91),<br>최정욱(91),<br>Cohen(92,행동적 파업성향)<br>Martin & Sinclair(01) | Snarr(75) |
| 근속년수 | | Allutto & Belasco(94)<br>최정욱(91)<br>Martin & Sinclair(01) | Snarr(75)<br>Martin(86) |
| 교육수준 | Cohen(92, 태도적 파업성향)<br>최정욱(91) | 이선구(90)<br>Martin & Sinclair(01) | Snarr(75)<br>문옥륜 & 이기효(91) |
| 결혼 여부 | Snarr(75) | 이선구(90), 최정욱(91)<br>문옥륜 & 이기효(91) | Allutto &<br>Belasco(74) |
| 자녀유무 | Snarr(75), Schutt(82) | | |
| 직종<br>(생산직) | Allutto & Belasco(74)<br>이선구(90) | | |
| 임금수준 | Snarr(75) | 이선구(90), Shirom(77)<br>문옥륜 & 이기효(91) | |
| 지역(시골) | Allutto & Belasco(74) | | |
| 출신배경<br>(불루칼라) | Fox & Wince(76)<br>Martin & Sinclair(01) | | |
| 민족<br>(소수민족) | Shirom(77), Schutt(82)<br>Martin(86) | | |
| 노조 내 위치 | 최정욱(91) | | |
| 종 교 | Fox & Wince(76): 가톨릭 or 무교론자가 개신교보다 파업성향이 높음<br>Snarr(75): 종교 활동 미참여자가 파업참여자임 | | |

결혼 여부에 있어서는 일반적으로 미혼자가 기혼자에 비하여 파업성향이 높지만(최정욱, 1991), 기혼자가 미혼자에 비하여 파업참가자(Snarr,

1975)라는 연구도 있다.

이처럼, 사회적 배경변수가 파업성향에 미치는 영향은 대체로 일치된 연구결과들이 나타나고 있으며, 연구자 간 연구결과가 약간의 차이를 보이는 것은 연구자마다 연구대상의 특성이나 샘플 수가 서로 다르기 때문으로 생각된다. 위와 같은 내용을 포함하여 사회적 배경변수를 정리하면 <표 2-4>와 같다.

47

## 2. 경제적 변수

경제적 변수로 임금 및 임금수준, 시간당 급여율, 파업이 경제적 곤란도, 가족의 고용안정성, 타사로의 이직가능성 등이 변수로 연구되고 있다.

<표 2-5> 경제적 변수에 따른 분류

| 구 분 | 파업성향과 관계 | | |
|---|---|---|---|
| | 정(+)의 효과 | 부(-)의 효과 | 관계없음 |
| 임금 및 임금수준 | Snarr(75)<br>Martin(86)<br>Martin &<br>Sinclair(01) | | Schutt(82),<br>Cohen(92) |
| 파업 시 경제적 고충 | | Martin(86)<br>McClendon & Klaas(93)<br>Martin & Sinclair(01) | |
| 가족의 고용안정성 | Martin(86)<br>Martin &<br>Sinclair(01) | | |
| 타사로의 이직가능성 | | | Martin(86)<br>Martin &<br>Sinclair(01) |

임금(hourly pay rate, salary)은 파업성향에 정(+)의 효과를 미치고 있으며(Martin, 1986), 파업참가자는 임금이 높다(Snarr, 1975). 이는 파업의 임금상승효과에 기인한 것으로 생각된다. 즉 파업을 통해서 임금을 상승시키게 되어 노동조합원들이 높은 임금을 지급받고 있는 것으로 해석된다.

근로자들의 경제적 곤란도는 파업성향에 부(-)의 영향을 미치고 있다(Martin, 1986; McClendon & Klaas, 1993; Martin & Sinclair, 2001), 즉 파업참여로 인해서 경제적 어려움을 겪게 되면 파업성향은 낮아지게 된다는 것이다.

가족의 고용안정성(family employment stability)은 파업성향에 정(+)의 영향을 미치고 있다(Martin & Sinclair, 2001), 이는 더 많은 고용가능성을 가지고 있는 근로자는 파업으로 인한 직장상실 및 경제적 고충 등에서 비교적 자유롭기 때문이다.

반면, 타사로의 이직가능성은 파업성향에 영향을 미치지 못하는 것으로 나타났다.

이처럼, 경제적 변수가 파업성향에 미치는 영향은 대체로 일치된 연구결과들이 나타나고 있으며, 연구대상의 특성이나 샘플 수의 차이 등으로 인해 약간의 차이를 나타나기도 한다. 위와 같은 경제적 변수를 정리하면 <표 2-5>와 같다.


## 3. 정치적 변수

정치적 변수로는 타인의 지지, 노조에 대한 평가, 준거집단의 영향, 경영진에 대한 평가 등이 주로 연구되고 있다.

<표 2-6>과 같이, 가족의 태도가 파업에 대한 태도에 정(+)의 영향

을 미치고 있으며, 직장 전체의 분위기와 사회여론이 파업에 대한 일반적 태도에 정( + )의 영향을 미치고 있다(이선구, 1990).

중요한 타인의 파업에 대한 지지(support from significant others)는 파업성향에 강한 정( + )의 영향을 미치며(Martin, 1986), 친구나 이웃, 동료근로자 및 친척 등과 같은 중요한 타인이 노조에 호의적인 태도를 가지고 있을 경우에 행동적 파업성향이 낮다(Cohen, 1992).

49

노조에 대한 태도(attitude toward the union)는 파업성향에 강한 정( + )의 효과를 미치는 것으로 나타났다(Martin, 1986). 즉 평소 친구나 이웃 친척 등이 노조에 대해서 호의적인 태도를 가지고 있음으로 인해서 파업참가 의사가 커진다는 것이다.

노조간부에 대한 평가(이선구, 1980; 문옥륜 & 이기효, 1991)와 노조간부에 대한 의존성(Schutt, 1982)은 파업성향에 정( + )의 영향을 미치는 것으로 나타났다.

반면, 경영진에 대한 평가는 파업성향에 부( - )의 영향을 미치는 것으로 나타났다(이선구, 1990; 이기효 & 문옥륜, 1991).

〈표 2-6〉 정치적 변수에 따른 분류

| 구 분 | 파업성향과 관계 | | |
|---|---|---|---|
| | 정( + )의 효과 | 부( - )의 효과 | 관계없음 |
| 사회적 지지 | Martin(86)<br>McClendon & Klaas(93)<br>이선구(90), 최정욱(91) | Cohen(92);<br>행동적 파업성향:<br>노조에 호의적일수록<br>파업성향에 부 | Cohen(92);<br>태도적 파업성향 |
| 노조에 대한<br>태도/평가 | Martin(86),<br>이선구(90), 최정욱(91) | | 문옥륜 & 이기효<br>(91) |
| 노조성과 만족 | | | Schutt(82) |
| 노조간부에<br>대한 평가 | 문옥륜 & 이기효(91) | | |

| 구 분 | 파업성향과 관계 | | |
|---|---|---|---|
| | 정(+)의 효과 | 부(-)의 효과 | 관계없음 |
| 노조간부에 대한 의존성 | Schutt(82) | | |
| 노조 내 위치 | 최정욱(91) | | |
| 회사에 대한 평가 | | 이선구(90), 문옥륜 & 이기효(91) | |
| 노조에 대한 사회화 | Cohen: 태도적 파업성향(92) | | Cohen: 행동적 파업성향(92) |
| 노사관계 분위기 | | Martin & SinClair(01) | |

50

이처럼, 정치적 변수가 파업성향에 미치는 영향은 대체로 일치된 연구결과들이 나타나고 있지만, 연구대상의 특성이나 샘플 수의 차이 등으로 인해 약간의 차이를 나타내기도 한다.

## 4. 불만족 변수

불만족 변수로는 서비스만족, 지위좌절감, 임금불만족, 복지후생 불만족, 직무불만족, 근로조건불만족(비경제적조건), 인사제도 불만족, 승진기회, 보상불만족(임금, 복지후생, 승진) 등이 주로 이용되고 있다.

〈표 2-7〉 불만족 변수에 따른 분류

| 구 분 | 파업성향과 관계 | | |
|---|---|---|---|
| | 정(+)의 효과 | 부(-)의 효과 | 관계없음 |
| 서비스불만 | Scuhtt(82) | | |
| 지위좌절감 | Schutt(82) | | |

| 구 분 | 파업성향과 관계 | | |
|---|---|---|---|
| | 정(+)의 효과 | 부(−)의 효과 | 관계없음 |
| 임금불만족 | 문옥륜 & 이기효(91)<br>McClendon & Klaas(93)<br>정필선(96) | | Schutt(82)<br>이선구(90)<br>Cohen(92) |
| 복지후생<br>불만족 | 이선구(90) | | 문옥륜 & 이기효(91)<br>정필선(96) |
| 직무불만족 | McClendon & Klaas(93) | | 이선구(90)<br>문옥륜 & 이기효(91) |
| 인사제도<br>불만족 | 이선구(90) 정필선(96)<br>문옥륜 & 이기효(91) | | Cohen：승진 기회(92) |
| 경력불만 | Allutto & Belasco(74) | | |
| 직무긴장 | Allutto & Belasco(74) | | |
| 역할갈등 | Allutto & Belasco(74) | | |
| 경영참여불만 | 최정욱(91) | | |
| 임금불공정성 | Martin & SinClair(01) | | |
| 근무조건<br>불만 | | | 이선구(90)<br>문옥륜 & 이기효(91) |
| 직장불만족 | 최정욱(91) | | |
| 노조성과만족 | | | Martin & SinClair(01) |

대체로, 임금에 대한 불만족은 파업성향에 정(+)의 영향을 미치며 (McClendon & Klaas, 1993; 정필선, 1996), 승진에 대한 불만족은 파업성향에 정(+)의 영향을 미치는 것으로 나타났으며(정필선, 1996), 직장불만(최정욱, 1991), 경력불만(Allutto & Belasco, 1976), 직무불만 (McClendon & Klaas, 1993) 복지후생불만(이선구, 1990) 등도 파업성향에 정(+)의 영향을 미치는 것으로 나타났다.

경영참여에 대한 불만의 경우, 임금불만, 복지후생불만, 직무불만, 경영참여 불만 등으로 측정한 직장불만족 변수가 파업성향에 정(+)의 영향을 미치는 것으로 나타난 점으로 보아(최정욱, 1991) 경영참여에 대한 불만 역시 파업성향에 정(+)의 영향을 미친다 할 수 있겠다.

임금공정성의 경우 파업성향에 부(-)의 영향을 미치는 것으로 나타났는데(Martin,1986; Martin & Sinclair, 2001), 이는 임금에 대해 불공정하다고 느끼는 근로자일수록 파업성향이 높음을 의미하는 것이다.

그 외 역할갈등, 직무안정 등도 파업성향에 정(+)의 영향을 미치는 것으로 나타났다(Allutto & Belasco, 1974).

이처럼, 불만족 변수가 파업성향에 미치는 영향은 대체로 일치된 연구결과들이 나타나고 있지만, 연구대상의 특성이나 샘플 수의 차이 등으로 인해 약간의 차이를 나타내기도 한다. 위와 같은 불일치/불만족 변수를 정리하면 <표 2-7>와 같다.


## 5. 몰입변수

직무몰입 변수로 조직몰입, 노조몰입, 직무몰입 등으로 연구되어 왔는데, 조직몰입(organization commitment)은 파업성향에 부정적 영향을 미치는 것으로 밝혀졌으며(Allutto & Belasco, 1974; Martin & Sinclair, 2001), 직무몰입 역시 파업성향에 부정적인 효과를 미치는 것으로 나타났다(Cohen, 1992).

반면, 노조몰입(union commitment)은 파업성향에 정(+)의 영향을 미치는 것으로 나타났다(Cohen,1992; McClendon & Klaas, 1993).

노조충성도의 경우 파업성향에 정(+)의 영향을 미치는 것으로 나타났으며(Martin & Sinclair, 2001; Barling et al., 2001), 노조활동참여도 역시 파업성향에 정(+)의 영향을 미치는 것으로 나타났다(Martin & Sinclair, 2001).

이처럼, 몰입변수가 파업성향에 미치는 영향은 대체로 일치된 연구결

과들이 나타나고 있는데, 위와 같은 몰입변수를 정리하면 <표 2-8>와
같다.

**〈표 2-8〉 직무몰입모형에 따른 분류**

| 구 분 | 파업성향과 관계 | | |
|---|---|---|---|
| | 정(+)의 효과 | 부(−)의 효과 | 관계없음 |
| 조직몰입 | | Allutto & Belasco(74) Martin & Sinclair(01) | |
| 직무몰입 | | Cohen(92) | |
| 노조몰입 | Cohen(92) McClendon & Klaas(93) | | |
| 노조충성도 | Martin & Sinclair(01) Barling et al(01) | | |
| 노조활동 참여도 | Martin & Sinclair(01) | | |

# 6. 구조적 특성변수

구조적 특성변수로는 회사규모, 업종, 노조규모, 임시노동자의 비율,
지난 선거 투표율, 노조간부 근무시간 등이 이용되고 있는데, 회사규모
의 경우 300인 이상의 기업소속근로자가 300인 미만 소속근로자에 비
하여 파업성행이 높은 것으로 나타났으며, 업종의 경우 기계업종 소속
근로자들이 전자, 화학, 섬유업종 소속근로자에 비하여 파업성향이 높
은 것으로 나타났다(최정욱, 1991).

노조의 규모, 지난 선거의 투표율, 노조간부 근무시간, 노조예산, 지
난 선거 후보자 수 등도 파업성향에 정(+)의 영향을 미치는 것으로 나
타났다(Shirom, 1977).

위와 같은 구조적 특성변수를 정리하면 <표 2-9>와 같다.

### 〈표 2-9〉 구조적 특성변수에 따른 분류

| 구 분 | 파업성향과 관계 | | |
|---|---|---|---|
| | 정의 효과 | 부의 효과 | 관계없음 |
| 노조규모 | Shirom(77) | | |
| 회사규모 | 300인 이상의 기업소속근로자가 300인 미만 소속근로자에 비하여 파업성향이 높음(최정욱, 91) | | |
| 업 종 | 기계업종소속근로자들이 전자, 화학, 섬유업종소속근로자에 비하여 파업성향이 높음(최정욱, 91) | | |
| 임시노동자의 비율 | | Shirom: 행동적 파업성향(77) | |
| 노조간부의 근무시간 | Shirom: 행동적 파업성향(77) | | |
| 지난 선거의 투표율 | Shirom(77) | | |
| 근로자 1인당 노조예산 | Shirom: 태도적 파업성향(77) | | |
| 부서별 후보자 수 | Shirom: 행동적 파업성향(77) | | |

## 7. 기 타

그 외에 투쟁성 변수 및 파업의 수단성 변수들이 파업성향의 설명변수로 이용되고 있는데, 감시선이탈은 파업성향에 효과를 미치지 못하는 것으로 나타났으나 과격성향은 파업성향에 정(+)의 효과를 미치는 것으로 나타났다(Martin, 1986). 또한 파업의 수단성 변수의 경우 노조주장의 관철가능성, 사용자의 양보가능성, 임금인상의 기여가능성 등을 말하는 것으로, 파업의 수단성이 높다고 인식할수록 태도적 파업성향이 높은 것으로 나타났다(문옥륜·이기효, 1991).

위와 같은 내용들을 정리하면 <표 2-10>와 같다.

<표 2-10> 투쟁성 변수에 따른 분류

| 구 분 | 파업성향과 관계 | | |
|---|---|---|---|
| | 정의 효과 | 부의 효과 | 관계없음 |
| 감시선이탈 | | | Martin(86) |
| 과격성향 | Martin(86) | | |
| 파업의 수단성 | 이선구(90), 최정욱(91)<br>문옥륜 & 이기효(91)<br>McClendon & Klaas(93) | | |

# 제3절 집단주의

## 1. 집단주의 개념

Hofstede(1984)는 50여국에서 근무하는 IBM사의 근로자를 대상으로 설문조사를 통해서 4가지 국가사회 문화유형으로 분류하였는데, 그중에 하나가 개인주의(individualism)와 집단주의(collectivism)이다. 개인주의란 사람들이 자기 자신의 이해에 우선을 두는, 느슨하게 짜여진 정도이다. 즉 개인주의는 의무보다는 권리에 집중하며, 자신과 가까운 가족성원들에게 관심을 가지고, 개인의 자율성과 자아충만에 대한 강조, 그리고 개인의 성취와 자신을 동일시하는 데 기반을 두고 있는 사회 틀

(social framework)을 지칭한다(김주엽, 2004). 개인주의 사회에서는 자신의 목표와 자신이 속한 집단의 목표 사이에 갈등이 생기면, 집단의 목표보다 개인의 목표에 우선을 두어도 허용되는 사회이다(Triandis, 1990). 따라서 개인주의 문화에서는 개인의 태도가 그의 행동을 결정하는 경향을 보인다(Triandis, 1995).

반면, 집단주의는 개인이 속한 집단과 공유하고 있는 목표에 의해서 행동이 결정되며, 개인의 목표와 집단의 목표가 갈등을 일으키면 집단의 목표가 우위를 점하는 사회를 말한다. 집단주의의 핵심은 집단이 개인을 구속하고 개인 상호간을 의무로서 묶는다는 점이다. 집단주의 사회에서는 집단이 개인을 구속하는 대신에 구성원이 문제에 봉착하였을 때 그를 보살펴주고 보호하는 역할을 수행한다. 따라서 집단주의 문화에서는 개인이 속한 준거집단, 특히 내집단(in-group)의 규범이 그의 행동을 결정하는 경향을 보인다(김주엽, 2004).

또한, 성과에 대한 배분과 관련하여, 개인주의 문화는 공헌 즉 성과에 따른 배분을 공정한 기준으로 삼는 데 반하여, 집단주의 문화는 평균적 배분을 지향한다는 특징을 가지고 있다(Austin, 1980; Bond and Forgas, 1984; Bond, Leung and Wan, 1982). 따라서 집단주의 조직문화를 가지고 있는 조직에서는 개인주의적 조직문화를 가지고 있는 조직에 비해서 성과급에 기초한 연봉제의 도입에 보다 더 저항적일 가능성이 클 것이다(송하식 · 이덕로 · 김주엽, 2002).

<표 2-11> 개인주의와 집단주의의 장·단점 비교

| 구분 | 개인주의 | 집단주의 |
|---|---|---|
| 장점 | • 종업원은 더 강한 자아 개발<br>• 성취동기를 가짐<br>• 각 개인의 경쟁은 새로운 개념과 생각을 창출, 공격적인 혁신<br>• 행위결과를 위해 개인적인 책임이 강함<br>• 개인적인 노력과 보상과의 관계는 더 큰 공평성을 만듦 | • 서로 다른 기술을 가진 사람들의 조합효과로 인해 시너지 효과 발생<br>• 다양한 관점을 결합하는 능력배양<br>• 개인을 동등하게 취급<br>• 개인 간 갈등이 발생 시 더 큰 협동과 화합을 하게 됨<br>• 전체의 동의를 우선시하고 중요시함<br>• 실패와 성공에 공동책임<br>• 팀워크가 개발됨 |
| 단점 | • 타인의 희생, 개인의 이익추구<br>• 충성심과 몰입이 약함<br>• 개인별 차이가 강조됨<br>• 개인 간 갈등이 발생<br>• 개인의 성과에 대한 압력과 스트레스<br>• 외로움, 소외감을 많이 느낌<br>• 실패에 대한 개인의 책임 | • 개인적이고 전문적인 자아의식 결여<br>• 결과에 대한 개인의 책임의식이 적음<br>• 무임승차 효과가 나타남, 노력에 대한 비례적인 보상이 없음<br>• 집단에서 합의를 이끌어내려는 시간이 많이 걸리고, 많은 기회를 상실함 |

출처: Michael(1994)

<표 2-11>에서와 같이 개인주의는 성취동기를 갖게 하고 행위결과에 대해 개인적인 책임이 강한 특징이 있지만, 집단주의는 개인을 동등하고 취급하고 팀워크를 중요시하며 실패와 성공에 공동의 책임을 지는 특징이 있다.

이러한 개인주의와 집단주의는 여러 연구를 통해서 문화권 또는 개인 간의 특성을 비교하면서 발전해 왔는데(Hofstede, 1980, 1991; Triandis, 1995; Markus & Kitayama, 1991, etc), 연구가 거듭될수록 이를 문화적 차원이 아닌 개인의 가치성향으로 인식하는 심리적 개념으로 다루는 경향을 보이고 있다.

개인주의와 집단주의의 대가인 Triandis(1995)도 한 문화권에서 개인에 따른 성향의 차이를 인정하고 있는데, 그는 개인주의와 집단주의가 자아상(self)에 반영되어 있다고 보고, 사적 자아상(private self)이 더 많이 포함되는 경우를 개인중심주의적(idiocentric)이라고 부르고, 공적자아상(public self)이 더 많이 포함되는 경우를 집단중심주의적(allocentric)이라고 부를 것을 제안하고 있다. 즉 개인주의와 집단주의는 사회차원이나 조직차원뿐만 아니라 개인차원에서도 활용될 수 있다는 것이다. 따라서 본 연구에서는 집단주의 성향이 높은 사람을 집단중심주의자라고 칭하고 개인주의 성향이 높은 사람을 개인중심주의자라고 칭하고자 한다.

일반적으로, 개인주의와 집단주의 개념은 단일차원의 반대적인 개념으로 보고 있지만, 별개의 개념으로 개인주의와 집단주의가 상호 공존하는 관계가 있고(Schwartz, 1990), 개인주의, 집단주의 문화 내에서도 개인주의적 가치를 가진 개인과 집단주의적 가치를 지닌 개인이 공존할 수 있다. 현재의 한국사회는 개인주의와 집단주의가 혼재되어 있다고 주장되기도 하는데, 장성 수(1997)는 한국사회는 개인주의적 성향이 강하게 작용하고 있지만 전통적 집단주의적 문화가 개인주의적 문화로 대체되었다기보다는 집단구성원들이 전통적인 집단주의 성향과 개인주의적 성향을 동시에 가지고 있는 것으로 이해해야 한다고 한다.

집단중심주의자들은 사회의 가장 기본적인 분석단위는 집단(group)이라고 보며, 개인중심주의자들은 그 단위가 각 개인(individual)이라고 여긴다. 따라서 자아(self)를 두고 집단중심주의자들은 내집단(in-group)의 한 부속물로 생각하지만, 개인중심주의자들은 집단과 분리되는 분명한 별개의 것으로 간주한다(황지성, 1992).

## 2. 집단주의와 파업성향과의 관계

일반적으로 개인주의는 분배적 공정성(equity or distributive justice)과 관련이 있으며 집단주의는 평등(equality)과 관련이 있다고 인정되고 있으며(Ramamoorthy & Flood, 2002), 또한 집단주의-개인주의는 근로자의 몰입(Clugston et al., 2000), 인사관리 관행에 대한 태도(Ramamoorthy

& Dmith, 1999), 근로자의 협조적 행동(Cox et at.,1991; Wagner,1995)과 조직충성도(Gomez-Mejia & Welbourne,1991)와 관련이 있다.

몇몇 연구에서 개인주의－집단주의가 직무관련 결과물들과 관련이 있다는 것이 밝혀졌는데, Gomez-Mejia & Welbourne(1991)는 집단중심주의자는 고용안정(job security), 조직에 대한 충성심 그리고 조직 내에서 사회적 네트워크 형성의 중요성에 더 관련성이 있으며, 개인중심주의자들은 개인적인 목표의 달성에 더 관련이 있으며 조직에 대한 충성심이 더 낮다고 주장한다.

Tower et al.(1997)은 개인중심주의자는 집단중심주의자에 비하여 과업의 달성을 더 중요시하는 경향이 있다고 보고했다. 또한 Parkes et al(2001)은 집단중심주의자들은 개인중심주의자들에 비하여 조직몰입도가 더욱 높으며 근속기간이 더 긴 경향이 있다는 사실을 보여주었다. Clugston et al.(2000)은 개인주의－집단주의는 조직몰입과 관련이 있다는 사실을 발견하였고 Ramamoorthy & Carroll(1998)은 그들의 연구에서 개인주의－집단주의는 성과급과 관련한 채용과 승진, 고용안정, 근로자 참여, 그리고 보상시스템과 관련이 있다고 지적하고 있다.

또한 개인중심주의자는 집단중심주의자보다 남에 대해서 더 신뢰하는 경향을 보이고, 다양성에 더 관대하며, 더 많은 대외집단과 관계를 맺고 있음이 밝혀지고 있다(Allike & Realdo, 2004). 이처럼 여러 가지 증거들이 개인주의－집단주의가 근로자의 태도에 직접적으로 영향을 미친다는 사실을 보여주고 있다.

Triandis, McCusker, and Hui(1990)에 의하면, 집단주의 성향이 높은 사람은 내집단의 이익(in-group)의 이익을 향상시킬 수 있는 가치관을 존중하는 반면 개인주의 성향이 높은 사람은 개인의 목표를 달성할 수 있는 가치관에 집중한다고 하였다. 따라서 집단주의 성향이 높은 사람은 개인주의 성향이 높은 사람에 비하여 자아의식 요소들을 더욱 집단과 일치시키고자 한다는 것이다.

Wagner and Moch(1986)는 개인의 집단주의 성향이 직무유형과 유의적인 관계가 있다고 하였는데, 집단주의 성향이 높은 사람은 팀워크가 요구되는 직무에 적합하고 개인주의 성향이 높은 사람은 독립적인 직무를 수행하는 것이 보다 효과적이라고 한다.

여러 연구들이 주장하고 있듯이 집단주의의 가장 뚜렷한 특징 중의 하나가 배타성이다. 개인주의 사회가 내집단과 외집단에 대해서 보이는 반응 차이가 별로 크지 않고 오히려 공정성을 유지하려고 하는 경향을 보이는 반면에, 집단주의 사회는 내집단에 대한 반응과 외집단에 대한 반응의 차이가 크고, 또 공정성보다는 내집단에 대해서 애정을 보이는 것에 더 큰 관심을 보인다는 주장이다(Bond & Tornatzky, 1973; Triandis, 1990, 1995).

이러한 집단주의의 배타성은 집단이기주의, 분파주의, 지역주의 등을 영속화시키는데 내집단에 대한 충성은 외집단과의 차별로 연결되고, 내집단 구성원 간의 협동은 격심한 외집단과의 경쟁으로 결부된다(김의철, 1998).

집단중심주의자는 개인중심주의자에 비하여 노동조합을 내집단으로 인식할 가능성이 높고 또한 집단구성원의 자격을 계속 유지하고 싶어하고 집단의 목표달성을 위하여 개인의 목표를 희생할 가능성이 높게 된다(Triandis, 1986). 결과적으로 집단중심주의자들은 개인중심주의자들에 비하여 노조의 필요성을 더욱 느끼며(이태진·조윤형·조영배, 2003), 내집단에 대해 더욱 친밀감을 가지고 있으며, 내집단구성원들을 동질적인 사람들로 인식하기 때문에(Ting, 1993) 타 집단에 대해서 대단히 경쟁적인 행태를 보이거나 감정적인 이질감을 표출하는 경향을 나타낸다(김주엽, 2004).

한편, 개인중심주의자들은 협력적 노사관계에 호의적인 태도를 가지고 있으며, 집단중심주의자들은 협력적 노사관계와 적대적 노사관계 모두에 호의적 태도를 가지고 있는 것으로 나타났다(이태진·조윤형·조영배, 2003). 그러므로 집단주의는 파업성향에 영향을 미칠 수 있다고 추론할 수 있다.

# 제4절 파업주체로서의 노동조합

## 1. 노동조합의 개념                                    61

### 1) 노동조합의 정의

노동조합이란 임금근로자들이 그들의 근로조건의 유지 또는 개선을 목적으로 조직한 항구적 단체이다(Sydney and Beatrice Webb, 1920). 우리나라 '노동조합및노동관계조정법' 제2조 4호에서도 "노동조합이라 함은 근로자가 주체가 되어 자주적으로 단결하여 근로조건의 유지·개선과 기타 근로자의 경제적·사회적 지위향상을 도모함을 목적으로 조직하는 단체 또는 연합단체를 말한다"고 규정하고 있다. 이 점으로 보아 노동조합은 근로자가 주체가 되어 자주적으로 결성한 단체로서 그 목적이 근로조건의 유지·개선, 기타 경제적·사회적 지위향상을 목적으로 하는 단체임을 알 수 있다(윤찬성, 1998). 그렇기 때문에 ① 사용자 또는 항상 그의 이익을 대표하여 행동하는 자의 참가를 허용하는 경우 ② 경비의 주된 부분을 사용자로부터 원조 받는 경우 ③ 공제·수양 기타 복리사업만을 목적으로 사용하는 경우 ④ 근로자가 아닌 자의 가입을 허용하는 경우 등은 노동조합이라 할 수 없는 것이다(노동조합및노동관계조정법 제2조 4호 단서).

### 2) 노동조합의 기능

일반적으로 노동조합의 기능을 경제적 기능, 공제적 기능, 정치적 기능으로 분류하는데(박상필, 1981) 혹자는 기본기능, 집행기능 및 참모기능으로 분류하여 기본기능은 노동조합 자체기능으로 비조합원인 근로자를 조직하는 근로자 기능과 노동조합이 조직된 후에 노동조합을 유지하는 노동조합 기능으로 구분하며, 집행기능으로는 교육활동, 선전활동, 조사연구 활동, 사회사업활동 등으로 구분하기도 한다(김성진, 1973; 이준범, 1994). 그러나 노동조합의 가장 주된 기능은 경제적 기능, 공제적 기능, 정치적 기능인데 이를 약술하면 아래와 같다(배무기, 1995).

첫째, 경제적 기능이라 함은 주로 조합원의 경제적 권리와 이익을 신장하고 유지하는 기능을 말한다. 임금인상, 근로시간단축, 작업환경 개선, 작업현장에서 부당한 권리침해에 대한 방지와 그에 대한 해결, 해고의 반대, 부가급여·퇴직금 등의 수준향상과 지급보장, 안전보건, 기숙사시설의 정비 등을 들 수 있다. 이와 같이 노동조합의 경제적 기능은 노동력의 판매조건을 유리하게 하는 일체를 그 대상으로 한다. 즉 단결력을 바탕으로 하여 집단적으로 임금 및 근로조건을 유지·개선하는 기능을 말한다. 개별 사업장에서 연례적으로 발생하는 임금·단체교섭이 대표적인 예라 할 것인데, 이러한 기능은 사용자와 단체교섭을 통해서 근로조건을 향상시키고자 하는 것으로 기업별 노동조합이 주류인 우리나라 노동조합의 주된 기능이라 할 수 있다.

둘째, 공제적 기능이라 함은 노동조합이 조합원 자신의 복지후생을 향상시키기 위하여 각종 공제활동 및 복지활동을 전개하는 활동들을 말한다. 이러한 공제적 기능은 조합비 등으로 조성된 공제기금의 운영, 장학기금 또는 장학회의 운영, 신용협동조합 및 판매협동조합을 통한 후생복지 증대 등이 있다.

셋째, 정치적 기능이다. 근로자의 권익은 사용자와의 교섭뿐만 아니라 법령 및 예규나 정부의 정책, 사회 전체의 노동조합에 대한 태도 등에 의하여 크게 영향을 받는데, 노동조합은 이러한 측면에 대한 활동을 통하여 궁극적으로 근로자의 권익을 크게 신장시킬 수 있다. 그리고 이러한 측면에서 노동조합이 담당하는 일체의 기능을 정치적 기능이라고 부른다. 이러한 정치적 기능은 개별단위의 기업별 노조에서보다는 규모가 크고 조직력이 강한 산업별 노조라든가 연합단체 내지는 한국노총이나 민주노총과 같은 총연합단체에 의해서 주로 나타나고 있다. 2003년 11월에 손배·가압류 철폐 및 비정규직 차별해소 대책 수립을 위한 민주노총의 총파업, 공무원의 단체행동권 보장을 요구하며 2004년 11월 15일 실시한 전국공무원노동조합의 파업 및 비정규직관련법 개정 및 제정 저지를 2004년 11월 26일 6시간 한시적 파업을 일으킨 민주노총의 총파업 등은 국가를 상대로 한 정치적 파업이라 할 것이다.

### 3) 노동조합의 조직 형태

노동조합의 조직 형태는 구성원의 자격에 따라서 직종별 노동조합, 산업별 노동조합, 기업별 노동조합, 지역별 노동조합 및 일반 노동조합 등으로 나눌 수 있으며, 결합방식에 따라서 단일 노동조합과 연합체 노동조합 등으로 나눌 수 있는데, 본 논문에서는 결합방식에 따른 조직 형태만 살펴보기로 한다.

#### 가. 단일 노동조합

단일 노동조합이라 함은 노동조합에 개개 근로자들이 직접 가입하여 그 구성원이 되어 있는 것을 말하는 것으로 각 지역 또는 지구별로 지부나 분회를 두는 경우도 있다. 이때에 각 지부나 분회가 그 단일 노동조합의 구성원이 아니고 개개의 근로자들이 노동조합의 구성원이 되기 때문에 각 지부나 분회는 자주적인 결정권을 행사할 수 없는 것이 보통이다. 이러한 노동조합의 대표적인 형태로는 기업별 노동조합, 산업별 노동조합, 일반 노동조합 및 지역별 노동조합 등이 있다.

나. 연합체 노동조합

연합체 노동조합이라 함은 각 지역별 노동조합 또는 각 기업별 노동조합이 독립된 노동조합의 자격을 가지면서 전국적인 노동조합의 구성원이 되는 것을 말한다. 즉 이 전국적인 조직인 연합체 노동조합의 구성원은 개개의 근로자가 아니라 그 근로자들이 조직하고 있는 노동조합이다. 그러나 연합체 노동조합이 단순히 협의 연락기구에 불과한 것이 아니며, 연합체 노동조합의 규약에 의하여 각 구성 노동조합을 통일하고 있다(김형배, 1997). 이러한 노동조합의 형태로는 양대 노총인 한국노총과 민주노총을 들 수 있으며, 이 밖에도 각 노총 산하에 있는 산업별 노동조합연맹도 연합체 노동조합이다.

## 2. 상급 노동조합과 하부 노동조합과의 관계

앞에서 살펴본 바와 같이 노동조합은 통상 기업단위로 조직된 기업별 노동조합, 산업단위로 조직된 산업별 노동조합, 지역을 단위로 한 지역별 노동조합 등 단일 노동조합이 존재하면서 통상 이들 단일 노동조합을 산업별로 묶은 연합체 노동조합과 이들 연합체 노동조합을 하나로 묶은 총연합단체 노동조합 등으로 구성되는데, 총연합단체에는 한국노총과 민주노총이 있다. 이는 과거 노동조합법 제13조 제1항(노동조합의 설립신고)에서 '소속된 연합단체의 명칭'을 규약에 기재하도록 강제함으로써 나타난 일반적 현상이다.[7] 예를 들면 하이닉스반도체 노동조합은 산업별 연합단체로 금속노련에 가입하고 있으며 금속노련은 총연합단체인 한국노총에 가입하고 있다. 여기서 일반적으로 하이닉스 노

---

7) 현 '노동조합및노동관계조정법' 제10조에서는 구법의 내용을 개정하여 제1항 5호로 "소속된 연합단체가 있는 경우에는 그 명칭"을 기재하도록 규정하여 상급 노동조합 가입의무를 삭제하였음.

동조합을 금속노련의 단위노동조합이라 부르며 금속노련과 한국노총을 하이닉스반도체 노동조합의 상급 노동조합이라 부른다. 마찬가지로 한국노총은 금속노련의 상급 노동조합이 되는 것이다.

상급 노동조합은 하부의 단위노동조합에 대한 노동조합활동을 지도하며 하부의 단위노조는 상급노조에 조합비를 납부하고 상급 노동조합의 지도를 받으며 상급노조의 결의사항이나 지시사항을 준수한다. 하이닉스 노동조합 규약 제6조를 보아도 "노동조합은 금속연맹에 가입하고 그 규약 및 결의·지시사항을 성실히 준수한다"고 규정하고 있는 점으로 보아도 이를 뒷받침한다고 할 수 있다. 또한 총파업 결의와 같이 하부 노동조합 전체에 영향을 미치는 결의를 하는 경우에 그 결의내용을 즉각적으로 하부 노동조합에 하달하여 행동의 통일을 기하고 있다. 2004년 11월 26일에 발생한 민주노총의 총파업(6시간 부분파업)에 있어서도 민주노총은 투쟁지침을 즉각 하부노조에 하달하였는바, 민주노총이 하부노조에 하달한 투쟁지침 2호를 보면 "1. 전 조합원은 민주노총 총파업 투쟁지침을 온 힘을 다해 수행한다. 2. 전 조합원은 11월 26일 정상 출근하여 오전 10시를 기해 총파업에 돌입한다. 3. 전 조합원은 11월 26일 오후에 전국 동시다발로 개최되는 비정규노동법 개악 저지, 국가보안법 완전 폐지, 공무원 노동3권 쟁취, 한일 FTA 협상 저지, 파병연장 동의안 저지, 용산 미군기지 이전비용 전면 재협상, 국민연금법 개악 저지, 지역별 결의대회 참가를 의무화한다. 4. 생략, 5. 11월 29일 국회 환경노동위원회에서 법안 강행기도가 구체화될 시, 총력투쟁본부 대표자 회의의 결정에 따라 12월 2일 총파업에 돌입한다. 6. 생략, 7. 전 조합원은 민주노총 투쟁지침을 믿고 그 어떤 왜곡과 탄압에도 흔들리지 말며, 민주노총 지침에 따라 행동한다(www.nodong.org,2004.11.26.)"와 같다. 이러한 지침에 따라 민주노총 소속 사업장에서 2004년 11월 26일에 전국적으로 15만 3천 명의 조합원(민노총 주장, 노동부는 9만 2천 명 파업참석으로 잠정 집계)이 파업에 참여하였다(연합뉴스, 2004. 11. 26.). 이러

65

한 사실들로 볼 때 상급노조가 하부노조에 미치는 영향력은 막대하다고
할 수 있다.

## 3. 한국노총과 민주노총의 비교

우리나라 노동조합은 개별 기업을 조직대상으로 한 기업별 노동조합
이 주류를 이루고 있는 가운데 특정산업을 조직대상으로 한 산업별 노
동조합과 특정지역을 조직대상으로 한 지역별 노동조합 등이 단일 노
동조합으로 조직되어 있으며 한국노총과 민주노총이 총연합단체로 있
다. 아래에서는 이들 두 노동조합의 설립과정, 이념, 조합원 수, 노사분
규 현황 및 상근간부의 특성 등에 대한 차이를 비교해 보고자 한다.

### 1) 설립과정

한국노총은 1946년 3월 10일 결성된 '대한독립촉성노동총연맹'이 그
전신으로 대한독립촉성노동총연맹은 당시 좌익계 노동단체인 '조선노동
조합전국평의회(약칭 전평)'에 대항하여 이승만 계열의 우익단체가 반공
투쟁과 근로자의 복리증진을 위하여 결성한 단체이다. 창립 당시 대한독
립촉성노동총연맹의 조직세력은 그리 광범위한 것은 아니었으며, 행동
강령은 '민주주의와 신민족주의'를 원칙으로 삼고 "혈한불석(血汗不惜)
으로 노자 간(勞資間) 친선을 기한다"는 노사협조주의와 건국에 헌신하
기 위해 반공·반전평을 주된 내용으로 제시하였다(한국노총, 1979). 이
와 같이 대한독립촉성노동총연맹은 출발부터 순수한 노동운동 조직이라
기보다는 이승만정권의 반공이념에 따라 급조되어진 정치적 성격의 조
직체였다. 실제, 대한독립촉성노동총연맹의 초대 전진한 위원장은 한민
당의 전위 청년단체인 대한독립촉성전국청년총연맹(연청)의 지부 단원들

을 당시 주요 사업장의 노조조직에 침투·확산시키는 방식으로 조직기반을 구축하였다(김윤환·김낙중, 1990).

이후 1953년 노동조합법을 비롯한 노동3법이 제정·공포됨에 따라 1954년 대한독립촉성노동총연맹은 대한노동조합총연합회(약칭 대한노총)로 개칭되었다. 1960년 4.19민주화혁명 이후 근로자들은 임금인상과 어용노조 민주화, 신규노조 결성 투쟁을 대대적으로 벌였으며, 어용적인 성격이 강했던 대한노총을 재편성하고 전국노동조합협의회와 통합하여 한국노동조합총연맹(약칭 한국노총)이 결성된 것이다. 그러나 1961년 5월 22일, 5.16군사쿠데타로 정권을 잡은 박정희 정권의 포고령 제6호(정당·사회단체 해산령)에 의해 모든 노동단체들과 함께 해산되어 약 70일간의 공백기를 가졌으나, 1961년 8월 3일의 '근로자의단체활동에관한임시조치법'에 따라 1961년 8월 30일 한국노동조합총연맹(산하 16개 산별노조와 1개 연합노조)이 재건되었다.

그러나 박정희 정권이 노동조합에 대대적인 정비작업을 단행함에 따라 1960년 당시 32만 명에 달하던 조합원 규모가 1961년 말에 10만 명의 수준으로 급감하였으며, 5.16이전의 노조간부에 대한 인위적인 물갈이가 이루어졌다. 특히, 박정희 군사정권은 노조간부의 자격요건으로서 9개 항목을 내걸음에 따라 자유당 시절의 노조간부뿐만 아니라 4.19를 통해 민주노조운동을 표방했던 새로운 간부층에 대해서 강제적인 숙정 초치를 당하게 되었고, 또한 1980년에는 5.17군사쿠데타로 정권을 장악한 전두환 군사정권의 '노동조합 정화지침'에 의해 한국노총과 산별연맹 및 단위사업장 노조간부 191명이 일방적으로 정리되기도 하였다. 1980년에 재편되어진 한국노총 및 산별연맹의 지도부는 5.16당시와 마찬가지로 실질적으로 군부권력에 의해 선별되어졌으며, 특히 전두환 정권에 대해 지지 또는 우호적 입장을 보이거나 노사협조주의적 활동성향을 가진 단위노조의 간부들로 채워지게 되었다(이병훈 등, 2001a). 1998년에 들어서는 제1기 노사정위원회에 참여하여 1998년 2월 6일 위기극복을 위한 사회협

67

약8)에 합의하고 2004년 2월 8일에는 일자리 만들기 사회협약9)에 합의하
는 등 노사협조주의적 행동을 보여주고 있다.

### 〈표 2-12〉 한국노총의 연혁

| 연 월 | 내 용 |
|---|---|
| 1946. 03. | 대한독립촉성노동총연맹결성 |
| 1954. 04. | 대한노동조합총연합회(대한노총)로 개편 |
| 1960. 11 | 한국노동조합총연맹(한국노총)으로 개칭 |
| 1961. 05. | 노동단체 해산(최고회의포고령 제6호) |
| 1961. 08. | 한국노동조합총연맹(노총) 결성<br>-산하 16개 산별노조와 1개 연합노조 |
| 1975. 12. | 여의도에 노총회관 신축 이전 |
| 1977. 04. | 한국노총 장학재단 설립 |
| 1980. 08. | 비상계엄하 노총위원장 외 11개 산별연맹 위원장 강제정화, 106개 지역지부<br>강제해체, 노조간부 191명 강제정화 |
| 1989. 02. | 전국 18개 지역에 노동교육상담소 설치 |
| 1990. 02. | 정치위원회 설치(대의원회의) |
| 1991. 12. | 국제노동기구(ILO) 가입 |
| 1995. 11. | 정경유착 분쇄 결의대회 개최 |
| 1996. 06. | 노동법 개악 저지 총파업투쟁 |
| 1998. 01. | 위기극복을 위한 사회협약 합의(노사정 합의) |
| 2004. 05. | 제20대 이용득 위원장 당선 |
| 2006. 09. | 복수노조 3년 유예 합의 |

출처: 한국노총 홈페이지 내용을  토대로 연구자가 정리

---

8) 경제위기 극복을 위한 사회협약은 외환위기 직후 노사정이 정리해고 도입과 교원노
   조 합법화, 고용안정 및 실업대책, 사회보장 확충등을 골자로 90개항에 대하여 노사
   정이 합의한 내용으로 민주노총도 참여하였음.
9) 일자리 만들기 사회협약은 노동계는 일자리만들기 및 비정규직·중소기업근로자와의
   임금격차를 완화하기 위해 상대적으로 임금수준이 높은 부문에 대해 향후 2년간 임
   금안정에 협력하고, 기업은 투자확대 및 고용조정의 최소화, 정부는 기업규제 완화
   및 사회안전망 확충 등을 내용으로 노사정이 합의한 것을 말하는 것으로 노동계에
   서는 김성태 한국노총 사무총장이 참석했음.

그러나 1996년 6월에는 노동법개악저지 총파업을 벌이기도 하였으며, 2003년 8월 29일에 근로시간단축관련 근로기준법개정에 반대하며 민주노총과 공동으로 국회 앞에서 노숙투쟁을 벌이기도 하였으며, 2004년 10월 8일에는 비정규직 관련법안 국회처리의 반대를 위해, 양 노총이 총파업 등 공동투쟁을 벌이겠다고 천명하며 2004년 11월 15일부터 국회 앞에서 천막농성투쟁을 벌이기도 하는 등(www.fktu.or.kr) 이전에 비하여 적극적인 투쟁을 전개해오고 있다.

이처럼, 한국노총은 민주노총이 설립된 이후부터는 나름대로 과거에 비하여 적극적인 대정부투쟁을 벌이고 있기는 하지만, 자주적 노동운동의 필요성에 따라 설립되었다기보다는 우익계열의 정치적 이해에 따라서 설립되었고, 이후 민주적 노동조합운동을 펼치고자 하는 노동조합간부들에 대해서 박정희 군사정권과 전두환 군사정권에 의해서 모두 정화되는 등의 우여곡절을 겪게 되는 과정 및 87년 이후 민주노조운동을 열망하던 노조들이 기존의 한국노총을 탈퇴하고 독자적인 민주노총을 설립하였던 점 등을 볼 때, 한국노총은 친 정부적·노사협조적 활동성향을 갖게 되었고 이에 따라 어용성의 이미지를 갖게 되었다고 할 수 있다.

반면, 민주노총은 민주노동운동의 열망의 결과이다. 87년 노동자대투쟁이후 신생노조들이 어용적 성격의 한국노총 가입을 거부하면서 마창노련(1987년 12월 결성), 사무금융노련(1987년 11월 결성), 병원노련(1987년 12월 결성) 등 독자적 산별 상급단체를 구성하였고, 현대그룹계열의 민주노조들도 1987년 8월에 별도의 현대그룹노동조합협의회라는 연대조직을 만들게 된다.

1990년 1월에는 전국노동조합협의회(약칭 전노협)가 결성됨에 따라 자주적 민주노조들의 첫 전국 중앙조직(national center)이 탄생되게 되는데, 전노협은 14개 지역협의회와 2개의 업종별 연맹조직 산하에 600

여개 노동조합과 20만 명의 조합원을 가진 조직이었다. 전노협은 창립 선언문에서 "한국노총으로 대표되는 노사협조주의와 어용적·비민주적 노동조합운동을 극복하고 자주적이고 민주적 노동운동을 전개해 나갈 수 있는 조직적 주체"라는 입장을 천명하고 있는데, 이는 자주적·민주적 노동조합운동, 정권과 재벌에 대한 비타협적 투쟁노선, 제 민주세력과 연대하여 투쟁하는 민중연대노선이라는 점에서 기존의 한국노총과 차별화된 노동운동으로 노동자들의 공감대를 형성할 수 있었다(이규창, 2001). 특히, 전노협 결성을 주도했던 지역노동조합협의회의 구호나 문건 등에서는 '노동해방', '노동자가 주인이 되는 세상 건설', '재벌 해체' 등의 구호가 자주 나타났으며, 정치투쟁을 주도하는 재야 운동세력과의 연대를 강조하고 있다.

<표 2-13> 민주노총의 연혁

| 연 월 | 내 용 |
|---|---|
| 1987. 7-8. | 노동자 대투쟁과 민주노동조합운동의 발전 |
| 1990. 01. | 전국노동조합협의회(전노협) 결성 −600여개 노조에 20만 조합원 |
| 1990. 05. | 전국업종노동조합회의(업종회의) 결성 −586개 노조에 200,197명 |
| 1991. 10. | 전국노동자 공동대책위원회(ILO 공대위) 구성 |
| 1993. 06. | 전국노동조합대표자회의(전노대) 결성 −1,408개 노조에 42만 명 |
| 1994. 11. | 민주노총 준비위원회 결성<br>−공동대표: 권영길(업종회의), 양규현(전노협), 권용목(현총련)<br>−집행위원장: 허영구(전노대) |
| 1995. 11. | 민주노총 창립 대의원 대회 개최 |
| 1998. 01. | 위기극복을 위한 사회협약 합의(노사정 합의) |
| 1998. 02. | 노사정 합의안이 제8차 임시대의원대회에서 부결됨 −지도부 총사퇴 |
| 1999. 02. | 노사정 위원회 탈퇴 |
| 2004. 11. | 비정규직 관련법안 국회통과 저지 총파업(6시간 파업) |
| 2006. 12. | 노사관계로드맵 저지 총파업 |
| 2007. 02. | 제5기 이석행 위원장 취임 |

출처: 민주노총 홈페이지 내용 등을 토대로 연구자가 정리

또한 창립선언문에서도 '노예적인 삶', '억압과 굴종의 사슬을 끊어……', '정권과 소수재벌의 억압과 수탈을……'이라는 과격한 용어들이 많이 등장하고 있다(강순희, 1998). 전노협의 출범에 이어 사무전문직 산별연맹들이 주축을 이룬 586개 노조와 조합원 20여만 명의 전국업종노동조합협의회(약칭 업종회의)가 1990년 5월에 결성되어 사무전문직종부문의 민주노조 역시 별도의 전국적인 중앙협의회를 꾸리게 된다. 또한 12월에는 현대그룹 노동조합총연맹과 대우그룹 노조협의회 등의 대기업 노조들이 참여하는 대기업 연대회의가 조직되는 등 민주노조 건설을 위한 노력들이 나타난다. 한편, 1991년 이후 민주노조운동의 3개 중앙단체들은 조직통합을 이루기 위한 노력을 기울이기 시작하는데 그 결과로서 1991년 10월에 'ILO 기본조약 비준과 노동법 개정을 위한 전국노동자공동대책위원회(약칭 ILO공대위)와 1993년 6월에 전국노동조합대표자회의(약칭 전노대)를 구성한다. 이러한 노력은 마침내 민주노총의 결성으로 나타나는데, 1995년 11월에 1,050여개의 노조에 42만 명의 조합원을 가진 민주노총이 결성된다(이병훈 등, 2001a).

이처럼 민주노총은 1990년 결성된 전노협과 전노대 등의 재야단체운동이념을 계승하여 한국 정치세력화 추구, 경영참가 등의 정치적 성격을 강조하며 출범한 것으로 당시 정부에 순응적이었던 한국노총에 한계를 느끼고 민주노조 진영의 조직적 단결을 모색하며 설립되었으며, 불법단체로 있다가 1997년 상급단체의 복수노조 허용에 따라서 합법적인 노동조합이 되었다.

1998년 제1기 노사정위원회에 참여하여 경제위기극복을 위한 사회협약에 합의하였으나 임시대의원대회에서 합의안이 부결되어 지도부는 총사퇴하게 된다. 이후 1999년 2월에 열린 제12차 정기대의원대회를 통해서 민주노총은 노사정위원회에 탈퇴하였고, 1996.12~97.1 20일간 노동법 통과에 반발하여 총파업을 벌였고, 2004년 들어서도 정부의 비정규직관련법안의 국회통과를 저지하기 위하여 2004년 11월 26일에 6시

71

간 총파업을 벌이기도 하였다. 이처럼 민주노총은 한국노총과는 달리 민주노조건설이라는 노동운동가들의 열망에 따라서 자주적으로 결성된 단체로서 설립 초부터 한국노총과의 차별화를 내세우면서 정치세력화의 추구, 공동결정에 기초한 경영참가 확대 및 노동기본권의 완전쟁취 및 모든 형태의 차별철폐 등을 내세우며 강력한 노동운동을 전개하고 있다고 할 수 있다.

72

## 2) 양 노총의 조직구조

한국노총의 조직도는 <그림 2-2>과 같다.

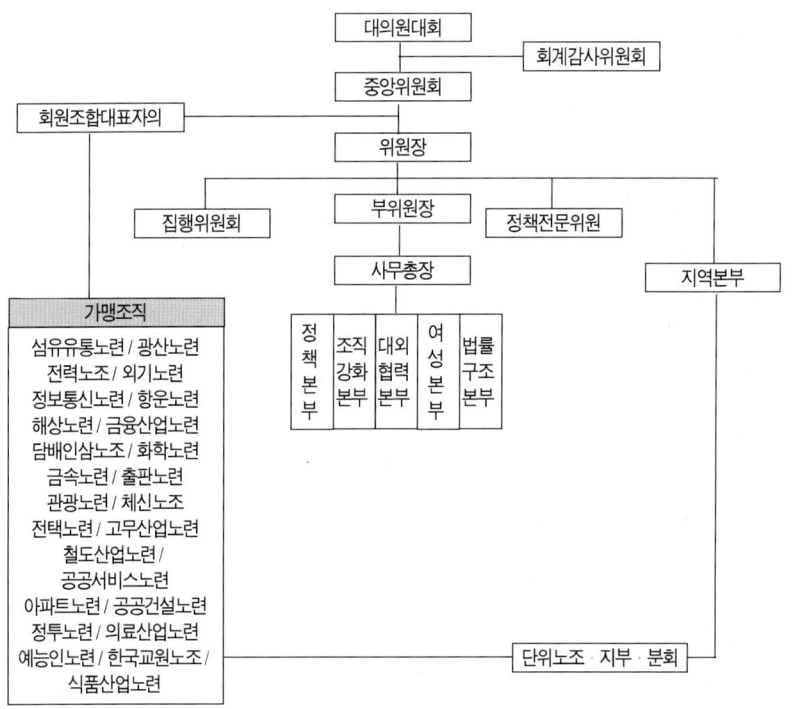

〈그림 2-2〉 한국노총의 조직도

위와 같이 한국노총은 최고 의결기관으로 대의원대회와 중앙집행위
원회, 회원조합대표자회회의, 집행위원회, 회계감사위원회를 두고 있으
며, 사무총장 밑에 5개의 본부단위 조직을 두고 있다. 반면, 민주노총
은 <그림 2-3>에서와 같이, 대의원대회, 중앙위원회, 중앙집행위원회,
상임집행위원회, 회계감사위원회, 상설위원회 등 6개의 기관으로 구성
되어 있으며, 사무총장 산하에 사무처와 5개의 실 단위조직을 가지고
있다.

73

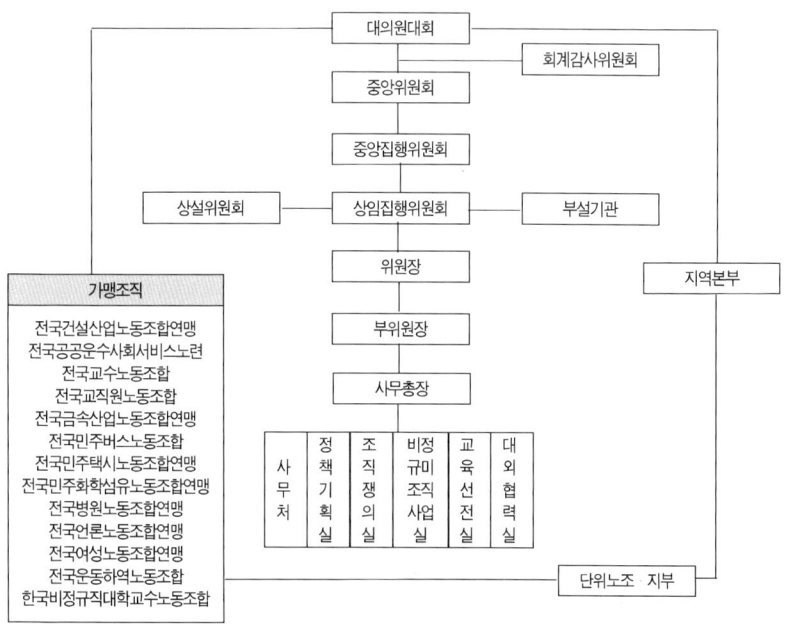

〈그림 2-3〉 민주노총의 조직도

특히 한국노총은 민주노총에 비하여 회원조합대표자회의라는 독특한
기관을 가지고 있는데, 여기서는 회원노동조합 제명동의에 관한 사항,
회원노동조합의 가입·탈퇴에 관한 사항, 회원조합과 시·도지역본부의

조직분규 수습에 관한 사항 등을 심의·의결한다. 반면, 민주노총은 중앙집행위원회와 상임집행위원회 두 개의 집행위원회를 두고 있는데, 중앙집행위원회에서는 대의원대회와 중앙위원회의 수임사항은 물론, 한국노총의 회원조합대표자회의에서 심의·의결하는 가맹 조직의 가입과 탈퇴 심의·확정, 조직 간 분쟁의 처리 등을 처리한다.[10]

사무총장 산하의 본부나 실 단위조직에 있어서 한국노총은 여성본부가 구성되어 있으며, 민주노총은 비정규·미조직 사업실이 구성되어 있는 점이 눈에 띄는데, 최근의 비정규직 문제에 대해서 민주노총이 대정부 투쟁을 강력히 전개한 모습이라든가 산업별 내지는 사업장 단위에 있어서도 비정규직노동조합 설립지원 및 불법파견 등에 대한 문제제기 등의 행위[11]들은 민주노총의 비정규·미조직 사업실에 의한 결과라 할 것이다.

### 3) 노동조합 수 및 조합원 수

2002년 말 현재 한국의 총 노동조합 수는 <표 2-14>와 같이, 총연합단체 2개, 산업별연맹 41개, 그리고 단위노조 6,463개를 합하여 총 6,506개이며, 조합원 수는 1,605,972명이다.

한국노총은 4,063개의 노조에 조합원 876,889명이며, 민주노총은 1,529개의 노조에 조합원 685,147명이다. 한국노총은 민주노총에 비하여 조합 수에서는 2배 이상 많지만 조합원 수에서는 약 20만 명 정도밖에 많지 않은데 이는 현대자동차나 전국교원노동조합 등 대규모 노동조합이 민주노총에 소속되어 있기 때문이다.

---

10) 한국노총 규약 제18조~42조, 민주노총 규약 제13조~39조, 한국노총의 조직도는 한국노총에서 보내준 자료가 명확치 않아 한국노총 규약을 참고하여 연구자가 수정 보완함.

11) 현대자동차비정규직노동조합은 민주노총 소속이며 현대자동차는 불법파견 시비와 관련하여 노동부로부터 불법파견에 해당되니 시정 조치하라는 시정지시를 받은 상태임. 또한 최근 하이닉스-매그나칩 사내하청노조가 2004. 12. 15. 파업에 돌입하였는데, 하이닉스-매그나칩 사내하청노조(지회)는 민주노총 금속연맹 금속노조 소속임.

〈표 2-14〉 양 노총별 소속 노동조합 및 조합원 수 현황

(기준: 2002년; 단위: 명)

| 구 분 | | 조합 수 | 조합원 수 | | |
|---|---|---|---|---|---|
| | | | 계 | 남 자 | 여 자 |
| 총 계 | | 6,506 | 1,605,972 | 1,306,221 | 229,751 |
| 한국노총 | 소 계 | 4,063 | 876,889 | 716,807 | 160,082 |
| | 섬유유통노련 | 170 | 30,919 | 14,212 | 16,707 |
| | 금융노련 | 92 | 81,144 | 56,724 | 24,420 |
| | 화학노련 | 675 | 83,852 | 65,037 | 18,815 |
| | 금속노련 | 676 | 109,140 | 84,555 | 24,585 |
| | 자동차노련 | 491 | 76,718 | 75,614 | 1,104 |
| | 전택노련 | 614 | 164,721 | 163,093 | 1,628 |
| | 기 타 | 1,345 | 330,395 | 257,572 | 72,823 |
| 민주노총 | 소 계 | 1,529 | 685,147 | 554,880 | 130,267 |
| | 금속산업연맹 | 240 | 183,190 | 174,259 | 8,931 |
| | 사무금융연맹 | 223 | 75,355 | 46,748 | 28,607 |
| | 공공연맹 | 235 | 128,582 | 113,182 | 15,400 |
| | 건설산업연맹 | 115 | 34,393 | 32,938 | 1,455 |
| | 전교조 | 1 | 93,375 | 44,775 | 48,600 |
| | 병원노련 | 36 | 42,272 | 39,581 | 2,691 |
| | 기 타 | 794 | 127,980 | 103,397 | 24,583 |
| 상급단체미가입 | | 914 | 43,936 | 34,534 | 9,402 |

출처: 노동연구원(www.kli.re.kr)

75

## 4) 노사분규 현황

<표 2-15>와 <표 2-16>과 같이, 노동부에서 발표한 최근 5년간 노사분규 현황분석자료에 의하면 1999년부터 2003년까지 발생한 노사분규 건수는 1,325건이었으며, 이 중 민주노총 소속사업장에서 발생한 노사분규 건수는 1,077건으로 81.2%를 차지하고 있다. 2002년과 2003년의

현황을 보아도 2002년 총 321건 중 한국노총은 34건(10.5%), 민주노총
은 287건(89.1%)을 기록하고 있으며, 2003년의 경우에 있어서도 한국
노총은 71건(22.2%), 민주노총은 249건(77.8%)을 기록하고 있다. 민주
노총의 경우에 2002년에 비하여 2003년에 건수와 비율이 약간 줄어들
기는 하였으나 한국노총에 비하여 월등히 높은 노사분규 발생현황을
보여주고 있다(노동부, 2004년).

〈표 2-15〉 최근 5년간 노사분규 발생현황

(단위: 건, 명, 일)

| 구 분 | 1999년 | 2000년 | 2001년 | 2002년 | 2003년 |
|---|---|---|---|---|---|
| 분규발생건수 | 198 | 250 | 235 | 322 | 320 |
| 불법노사분규건수 | 95(48.0%) | 67(26.8%) | 55(23.4%) | 66(20.5%) | 29(9.0%) |
| 분규참가자 수 | 92,026 | 177,969 | 88,548 | 93,859 | 137,241 |
| 근로손실일수 | 1,366,281 | 1,893,563 | 1,083,079 | 1,580,424 | 1,298,663 |
| 건당 분규평균지속일수 | 19.2 | 30.0 | 31.7 | 30.2 | 32.5 |
| 노동쟁의조정신청건수 | 862 | 1,036 | 1,096 | 1,041 | 876 |
| 직장폐쇄신고건수 | 22 | 58 | 47 | 49 | 65 |

출처: 노동부가 발표한 최근 5년간 노사분규 현황분석('04.1.13.)을 바탕으로 연구자가 작성

〈표 2-16〉 2002년과 2003년도 노사분규 발생현황 비교

(단위: 건)

| 구 분 | 노사분규 발생건수 | | | |
|---|---|---|---|---|
| | 최근 5년간 | 2002년 | 2003년 | 증감율 |
| 한국노총 | 221(16.7%) | 34(10.6%) | 71(22.2%) | 108.8%증가 |
| 민주노총 | 1,076(81.2%) | 287(89.1%) | 249(77.8%) | 13.2%감소 |
| 상급단체 미가입 등 | 28(2.1%) | 0 | 0 | − |
| 총 발생건수 | 1,325 | 322(100 %) | 320(100 %) | − |

출처: 2004년판 노동백서를 바탕으로 연구자가 작성

## 5) 이 념

노동조합의 운동노선 내지는 이념에 대하여 학자마다 다양한 견해를 제시하고 있으나, 대체로 경제적 조합주의(business unionism)와 정치적 조합주의(political unionism)로 대별할 수 있을 것이다. 경제적 조합주의는 노사관계를 이해조정이 가능한 비적대적 관계로 이해하고 노동조합운동의 목적을 노동자의 근로조건의 유지·개선에 두며 그 방법으로 주로 단체교섭에 의존하는 것을 말한다(박세일, 1991). 반면, 정치적 조합주의는 노사관계를 기본적으로 적대적 관계로 보고 노동조합운동의 목적을 자본주의적 생산양식의 타파와 사회주의 실현에 두며 그 수단으로 정치투쟁, 혁명투쟁에 주로 의존하는 것을 말한다(윤진호, 1993).

일반적으로 한국노총의 운동노선을 경제적 조합주의, 민주노총의 전신이라 할 수 있는 전노협의 운동노선을 정치적 조합주의라고 규정하기도 하나(박세일, 1991), 양 노총이 자신의 이념에 대하여 공식적으로 밝힌 적이 없고 또한 선언문 및 강령이나 각종 공식문서에 경제적 조합주의 이념을 가지고 있는지 아니면 정치적 조합주의 이념을 가지고 있는지에 대하여 언급된 바도 없다. 따라서 양 노총 소속 노조원들의 의식조사를 통해서 양 노총의 이념을 규정한 윤진호(1993)의 논문은 시사하는 바가 큰데, 윤진호는 정치의식에 있어서 민주노총의 전신인 전노협이 한국노총에 비하여 진보적인 성향을 보이고 있었고 그러한 성향은 특히, 노조간부에 있어서 두드러졌다고 하면서 이러한 결과들로 볼 때 전노협이 정치적 조합주의 이념을 가지고 있다는 평가는 타당하다고 주장하고 있다. 또한 노사관계 의식에 있어서도 전노협은 한국노총 소속 조합원에 비하여 뚜렷한 진보적 입장을 나타내고 있으며, 한국노총 소속 조합원들은 "노동조합은 임금인상이나 근로조건 개선 등과 같은 순수한 경제적 목표만을 추구해야 한다"는 질문에 전노협 소속조합원들에 비하여 더 높은 찬성률(58.3% 대 44.9%)을 보여 실리주의적

성향을 나타내고 있다고 주장하고 있다.

강순희(1998)도 비슷한 평가를 하고 있는데, 한국노총은 체제 내의 민주적 · 점진적 개혁을 주장하면서 자본주의의 전면적 부정에는 동의하지 않음을 분명히 하고 있을 뿐만 아니라, 운동방식도 단체교섭을 포함한 경제투쟁 중심이며 궁극적으로 노동자의 지위향상을 위하여 필요한 범위 내에서 국가의 정책결정 과정에 적극적으로 참여하고 제도개선 투쟁과 민주화투쟁 그리고 선거활동을 주요 정치활동으로 펼쳐나가기 때문에 경제적 조합주의에 속하는 것으로 규정할 수밖에 없다고 한다. 반면, 민주노총에 대해서는 한국노총 등 기존 제도권 노동운동단체에 비해 사회개혁을 강하게 지향하고 투쟁성과 정치성을 상대적으로 강하게 띤 사회적 조합주의12)에 가깝다고 한다. 또한 이규창(2001)도 이념과 강령 등을 근거로, 민주노총은 정치주의 이념을 뚜렷이 밝히고 있으며, 민중연대적 정치적 조합주의 이념을 드러내놓고 있다고 하고 있다.

<표 2-17>에서 보는 바와 같이, 양 노총의 강령상 민주노총은 '노동자의 정치세력화 실현', '권력과 자본의 탄압과 통제 분쇄', 노동기본권의 완전 쟁취', '공동결정에 기초한 경영참가 확대', '노동현장의 비민주적 요소 척결', '독점자본에 대한 규제 강화', '모든 형태의 차별 철폐' 등을 채택한 데 반하여, 한국노총은 자본과 권력으로부터 노동운동의 자주성 견지', '노동기본권의 완전한 보장', '경제투쟁과 정치투쟁을 결합하여 노동자의 경제, 사회, 정치적 지위 개선' 등을 강령으로 채택하고 있는 점 등으로 볼 때 민주노총이 한국노총에 비하여 과격하고 급진적인 색채를 짙게 나타내고 있다고 할 수 있다.

민주노총은 정치세력화의 실현 방법으로 2001년 1월 민주노동당을 창당하였고, 2002년 6.13지방선거에서 8.13%의 전국득표율을 얻어 광역의원 9명을 당선시켰으며, 2002년 대통령선거에 민주노동당 권영길 대표를

---

12) 사회적조합주의란 경제적 조합주의를 근본으로 하면서, 사회개혁적인 요구를 동시에 지향하는 노동운동방식

대통령후보로 내세워 놀라운 득표율을 기록하기도 하였고, 2004년 4.15. 국회의원 총선거에서는 13.0%의 득표율을 얻어 국회의원 10명을 배출하기도 하였다(www.nec.go.kr). 민주노총이 정당을 창당하며 정치세력화에 성공하자 한국노총도 2002년 11월 한국사회민주당을 창당하여 이후 녹색당과 합당으로 당명을 녹색사회민주당으로 변경하였으며, 녹색사회민주당은 2004년 4.15. 국회의원 총선거에 국회의원 후보를 출마시켰으나 1명도 당선시키지 못하였고 전국득표율에 있어서도 0.5%를 얻는 데 그쳤다(www.nec.go.kr). 이러한 결과에 따라 녹색사회민주당은 해산하였고 당시 한국노총의 이남순 위원장은 위원장직을 사퇴하게 되었다.

〈표 2-17〉 한국노총과 민주노총의 강령 비교

| 구 분 | 한국노총 | 민주노총 |
|---|---|---|
| 노동운동의 기조 | 자본과 권력으로부터 노동운동의 자주성 견지 | 자주적·민주적 노동조합운동 계승 |
| 노동기본권 | 노동기본권의 완전한 보장을 통해 노동자의 인간적 삶 확보 | 권력과 자본의 탄압과 통제를 분쇄하고 노동기본권 완전 쟁취 노동현장의 비민주적 요소 척결 |
| 노동조건 | 완전고용과 생활임금의 확보, 노동시간 단축 추진, 안전하고 쾌적한 작업환경 실현 | 생활임금 확보, 고용안정 보장, 노동시간 단축, 산업재해추방, 모성보호확대 등 노동조건 개선, 남녀평등실현 등 모든 형태의 차별철폐, 쾌적한 노동환경 쟁취 |
| 정치활동 | 경제투쟁과 결합한 정치투쟁을 통해 노동자의 정치적 지위 개선 | 노동자의 정치세력화 |
| 노동조직 | 노동조직 통일 기원 | 미조직 노동자 조직화, 산업별 공동교섭, 공동투쟁 체제 확립, 산업별 노동조합 건설, 전체노동조합 운동 통일 |
| 연대세력 | 국내외 민주적 운동세력과 연대강화 | 제 민주세력과의 연대강화, 전세계 노동자와의 연대하여 국제노동운동 역량 강화 |
| 경영참여 | 자율, 대등, 참여에 입각한 산업민주화 실현 | 공동결정에 기초한 경영참가 |
| 통일관 | 노동자가 주체가 되는 민족의 자주적·평화적 통일 실현 | 민주적 제 권리를 쟁취하며 평화적 통일을 실현 |
| 세계평화 | 세계평화에 기여 | 항구적 세계평화 실현 |

민주노총은 한국노총의 운동노선에 반대하며 민주적 노동운동의 기치를 걸고 설립되었다는 점, 그리고 민주노총의 전신인 전노협 소속 노조간부들의 의식이 한국노총 조합간부들의 의식에 비하여 더 진보적이라는 사실 및 민주노총 강령상 정치세력화 실현 채택과 정당 창당 및 활발한 정치활동 등으로 볼 때 민주노총은 한국노총에 비하여 정치적 조합주의 노선에 치우쳐 있다고 말할 수 있겠다. 이러한 현상들은 각 노총소속 노조간부의 파업성향에 영향을 미칠 수 있음을 시사해 준다고 할 수 있겠다.

## 5) 상근간부의 특성비교

노동조합 간부란 노동조합 위원장, 부위원장 등의 노동조합임원과 상집간부, 대의원 및 회계감사 등을 말하는 것으로 명칭과 범위 등은 노동조합규약으로 정하고 있다. 이들 노동조합간부들은 노동조합의 각종 의사결정기구에 참여하여 중요한 의사결정을 수행하는 노동조합을 실질적으로 이끌어 간다고 할 수 있다.

<표 2-18>에서 보는 바와 같이, 이들의 근무형태에는 사용자로부터 허락을 얻어 노동조합 업무만 전담하는 전임(상근)과 근무시간에는 회사의 업무를 전담하고 근무시간 외에만 노동조합 업무를 수행하는 비전임(비상근)으로 구분할 수 있으며, 일부전임(일부상근)하는 경우도 있다. 또한 급여지급 형태의 경우에도 소속회사에서 지급하는 경우와 노동조합에서 지급하는 형태 및 무보수의 경우로 나눌 수 있는데, 소속기업을 배경으로 노동조합업무를 전담하고 있는 상근간부의 경우에는 기업에서 해당 노동조합 간부의 급여를 부담하고 있는 것이 일반적인 현상이다.

이병훈·노광표·오건호·인수범(2001b)은 민주노총과 한국노총 양 노총의 지역본부, 각 산별연맹 등 75개 상급노조를 대상으로 우리나라

상급노조의 상근간부의 특성을 선출직·파견직·채용직 등 3개 직종으로 구분하여 연구하였는데, 이들 연구결과를 통해 한국노총과 민주노총 계열의 상근간부의 특성을 비교해 보고자 한다.

<표 2-19>에서 보는 바와 같이 성별의 경우 직종과 양 노총 계열 모두에서 남성이 다수임을 확인할 수 있으며, 학력의 경우 모든 직종에서 노총 계열별로 큰 차이를 보여주고 있는데, 민주노총계열의 경우 선출직과 채용직의 대부분이 그리고 파견직의 절반 이상이 대졸 이상의 학력을 지니고 있는 반면, 한국노총 계열의 경우 선출직, 파견직, 채용직 모두에서 고졸 이상이 다수를 차지하고 있었다. 이러한 차이에 대해 이병훈 등(2001)은 민주노총 계열의 상근간부들의 학생운동 경력과 한국노총 계열 상근간부들의 고연령에 의해 설명될 수 있다고 한다.

81

### 〈표 2-18〉 한국 노동조합 간부들에 대한 유형화

| 유형화 기준 | 유형적 특성 | | | |
|---|---|---|---|---|
| 조직 체계상의 위상 | 전국 중앙조직의 간부층 (예: 양 노총 및 지역 본부) | 산별연맹 또는 산별 노조 및 산하 지역 본부의 간부 | 단위 기업별 노조의 임원 및 상집간부 | 작업장의 현장간부층(예: 대의원 및 소위원) |
| 근무형태 | 상 근 | | 반상근 | 비상근 |
| 선발 경로 | 선출직 (예: 노조임원 및 대의원) | 채용직 (예: 상급단체의 집행간부 일부와 단사 노조의 사무 보조원 등) | 조직 파견직 (예: 상급단체의 집행간부 일부) / 지명직 (예: 단사 노조의 상집 간부) | 자발적 참여형 (예: 단사노조의 소위원 및 지원봉사자 등) |
| 급여지급 형태 | 노동조합 지급 (예: 채용직, 해고자출신의 조합 임원·상집간부 등) | | 소속 회사 지급 (예: 파견직 및 상급단체 파견인정의 임원, 단사노조의 임원·상집간부) | 무보수 활동가 (예: 대·소위원및 지원봉사자 등) |
| 출신배경 | 현장노조(노동자) | 학생운동 | 학생운동과 단사노조 | 전문적 기능보유 |
| 활동지향성 | 활동가 유형 | 대표자·지도자유형 | 실무전문가유형 | 관리자 유형 |

출처: 이병훈·노광표·오건호·인수범(2001a)

연령의 경우 한국노총 계열의 고연령화가 눈에 띄는데, 민주노총 계열의 경우 선출직, 파견직은 30-40대가 중심을 이루고, 채용직의 경우는 30대가 무려 79.5%를 점하고 있었다.

82

### 〈표 2-19〉 상근간부의 특성비교

| 구 분 | | 인 원 수 | |
|---|---|---|---|
| | | 민주노총계열 | 한국노총계열 |
| 성 | 선출직 | 거의 남성(94.2%) | 거의 남성(98.05%) |
| | 파견직 | 거의 남성(100.0%) | 거의 남성(90.0%) |
| | 채용직 | 남성이 다수(70.0%) | 남성이 다수(75.6%) |
| 학력 | 선출직 | 대졸 이상 다수(70.0%) | 고졸 이하가 다수(72.0%) |
| | 파견직 | 대졸 이상이 절반(56.2%) | 고졸 이하가 다수(65.0%) |
| | 채용직 | 대졸 이상이 다수(74.1%) | 고졸 이하가 다수(63.0%) |
| 나이 | 선출직 | 30-40대 중심(90.4%) | 50대 이상이 절반(48.0%) |
| | 파견직 | 30-40대 중심(88.0%) | 30-40대 다수, 50대 일부(30.0%) |
| | 채용직 | 30대 중심(79.5%) | 40-50대가 절반(51.2%) |
| 직전경력 | 선출직 | 모두 노조운동 진영 | 모두 노조운동 진영 |
| | 파견직 | 모두 노조운동 진영 | 모두 노조운동 진영 |
| | 채용직 | 대부분 노조운동 진영 | 기타 다수 |
| 단위노조활동 경력 | 선출직 | 있음 | 있음 |
| | 파견직 | 있음 | 있음 |
| | 채용직 | 절반 있음(44.3%) | 다수 없음(71.7%) |
| 총 노조활동 기간 | 선출직 | 87년 이후 다수(76.7%) | 87년 이전 다수(80.0%) |
| | 파견직 | 5년 이상이 대부분 | 5년 이상, 87년 이전 다수 |
| | 채용직 | 87년 이후 대부분(84.6%) | 87년 이전 일부(30.0%) |

출처: 이병훈·노광표·오건호·인수범(2001 b)

반면에 한국노총 계열의 경우 선출직은 50대 이상이 절반이 넘고, 파견직의 경우에도 일부가 50대 이상이었으며, 채용직의 경우에도 민주노총과 달리 40-50대가 절반을 차지하고 있다. 이러한 연령의 차이는 총 노조활동기간과도 관련이 있는데, 민주노총 계열 선출직의 경우 총 노조활동기간이 87년 이후 세대가 전체의 76.7%를 차지하고 있는 데 반하여 한국노총 계열 선출직의 경우는 87년 이전 세대가 80%에 이르고 있다. 이것은 민주노총 계열의 노동조합들이 대체로 87년 이후 세대가 상당한 비율을 치지하기 때문이다. 이러한 경향은 일부 파견직과 채용직에서도 유사하게 나타났다.

마지막으로 상근간부의 경력을 비교해 보면, 민주노총 계열은 거의 노동조합이나 노동단체에서 일하였던 활동가들이었다. 반면에 한국노총 계열의 경우는 단위노조를 필수적 배경으로 하지 않는 채용직의 경우 다수가 단위노조 활동경험을 가지고 있지 않은 것으로 나타나는데 이병훈 등(2001)은 이를 노조운동 진영 외부에서 상당히 충원되었을 것이라고 주장하고 있다.

# 제 3 장 연구모형의 설계

# 제1절 연구모형

선행연구들을 통하여 살펴본 바와 같이, 임금 불만족(정필선, 1996)이나 복지후생 불만족(이선구, 1990; McClendon & Klass, 1993) 등 근로조건에 대한 불만족은 파업성향에 영향을 미치고 있으며, 인사제도에 대한 불만족(이선구, 1990; 정필선, 1996) 및 경영참가에 대한 불만족(최정욱, 1991) 등도 파업성향에 영향을 미치고 있는 것으로 밝혀졌다. 노사협의회의 경우 '근로자참여및협력증진에관한법률'에 의해서 30인 이상의 기업에 있어서 설치가 강제되어 있으며, 그 기능에 생산성 향상이나 성과배분, 인사·노무관리의 제도개선, 종업원지주제 기타 근로자의 재선형성에 관한 지원 등의 사항에 대해서는 협의하도록 규정하고 있으며, 사내 복지기금의 설치, 각종 노사공동위원회의 설치, 복지시설의 설치와 관리 등의 사항에 대해서는 의결하도록 규정되어 있는 등 근로자의 경영참여에 관해 규정한 법이라 할 것이다(근로자참여및협력증진에관한법률 제19조·20조·21조). 또한 기업에서 단체교섭의 보조수단으로 널리 사용되고 있다. 따라서 노사협의회의 불만족도 파업성향에 영향을 미칠 수 있을 것이라고 추론해 볼 수 있을 것이다.

<표 3-1>에서 나타난 바와 같이 임금인상과 단체협약이 파업 발생원

인의 대다수를 차지하고 있다. 또한 2004년도 임·단협의 핵심쟁점 중의 하나가 경영참가였다는 점(2004년판 노동백서, 2004)에 착안하여 본 논문에서는 불만족 변수로 임금·복지후생·인사제도·노사협의회 불만족을 독립변수로 설정하였다.

또한 노조몰입은 파업성향에 정(+)의 영향을 미치고(Cohen, 1992), 조직몰입은 고충처리행동(grievance filing behavior)에 부(-)의 영향을 미친다는 사실(Dalton and Todor, 1981, 1982)과 파업성향에 부(-)의 영향을 미친다(Allutto and Belasco, 1974)는 결과는 회사와 노조에 상당한 시사점을 줄 수 있는 중요한 변수라 생각되어 독립변수로 채택하였다.

〈표 3-1〉 최근 5년간 원인별 노사분규 현황

| 구 분 | 1999년 | 2000년 | 2001년 | 2002년 | 2003년 |
|---|---|---|---|---|---|
| 계 | 198 | 250 | 235 | 322 | 320 |
| 체불임금 | 22 | 7 | 6 | 2 | 5 |
| 임금인상 | 40 | 47 | 59 | 44 | 43 |
| 단체협약 | 89 | 167 | 149 | 249 | 249 |
| 해 고 | - | 2 | - | - | - |
| 구조조정 | 31 | 22 | 15 | 8 | 3 |
| 기 타 | 16 | 5 | 6 | 19 | 20 |

출처: 2004년판 노동백서

그리고 마지막 독립변수로는 또한 노조간부가 가지고 있는 집단주의적 가치관을 채택하였는데, 이는 내집단에 대해 더욱 친밀감을 가지고 내집단 구성원들을 동질적인 사람들로 인식(Ting, 1993)하는 집단중심주의자는 타 집단에 대해서 대단히 경쟁적인 행태를 보이거나 감정적인 이질감을 표출하는 경향이 있으며, 노동조합 가입의 필요성을 개인중심주의자에 비하여 더욱 느끼는 점으로 볼 때(이태진 등, 2003), 집단중심주의자는 노동조합을 내집단으로 인식할 가능성이 높다(Triandis, 1986) 할 것이다. 그러므로 집단중심주의자는 교섭상대방인 사용자에 대하여 대단히 배타적이고 적대적인 관계를 갖게 된다고 할 수 있다. 따라서 집단주의는 파업성향에 영향을 미칠 수 있다고 추론할 수 있어 집단주의라는 가치변수를 독립변수로 채택하여 파업성향과의 관계를 살펴보고자 하였다.

89

한편, 본 논문에서는 그동안 실무계에서 주장되어지는 민주노총의 투쟁성에 관심을 두었다. 앞의 이론적 검토에서 살펴본 바와 같이, 언론 기사라든가 노사분규의 현황 등 많은 실무적 자료들이 민주노총은 한국노총에 비하여 투쟁적이고 전투적이라는 사실을 보여주고 있다. 이러한 사실은 파업성향에 대하여 소속노총이 조절효과를 미치고 있음을 암시해 준다고 할 수 있다. 따라서 본 논문에서는 소속노총이 실제로 하부 노동조합 간부의 파업성향에 조절효과를 미치고 있는지를 살펴보고자 소속노총을 조절변수로 채택하였다. 따라서 <그림 3-1>과 연구모형을 설정하였다.

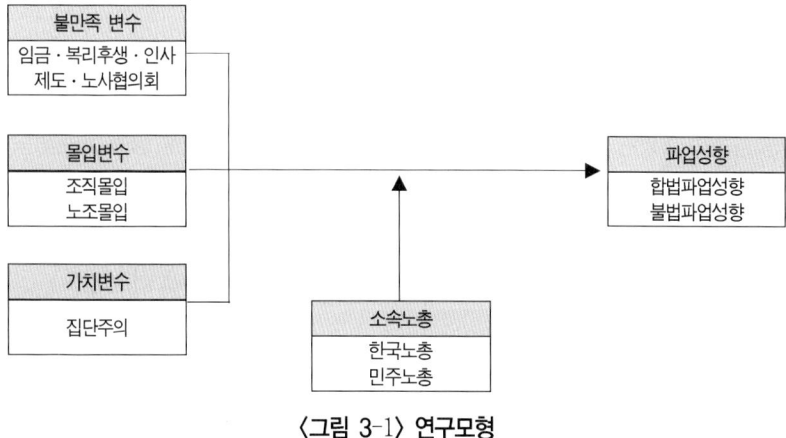

〈그림 3-1〉 연구모형

# 제2절 연구가설

90      본 연구는 앞에서 고찰한 이론 및 연구결과를 중심으로 연구가설을 도출하고자 한다. 각각의 가설 및 가설 도출의 논리적 배경은 다음과 같다.

## 1. 파업성향의 결정요인에 관한 가설

### 1) 불만족 변수

불만은 동기이론과 생산성 또는 이직 등을 다루는 많은 연구에서 독립변수로 사용되어 왔다. 그러나 노조와 관련하여서는 파업과 관련된 행동은 자신들의 요구조건을 관철하기 위한 수단으로 행해진다는 점에서 여러 가지 요구조건에 대한 불만이 파업의 원인이라 할 수 있다.

앞에서 살펴본 선행연구들을 보아도 근로자들의 임금불만족(정필선, 1996), 복지후생 불만족(이선구, 1990; McClendon & Klass, 1993), 직무불만족(이선구, 1990; McClendon & Klass, 1993), 인사제도 불만족(이선구, 1990; 정필선, 1996), 경영참여 불만족(최정욱, 1991)이 파업성향과 관련이 있음을 보이고 있는데, 노조운동의 지도적 입장에 있는 노동조합간부의 경우에 있어서도 임금, 복지후생, 인사제도 및 경영참여에 대한 불만족은 파업성향에 정(+)의 영향을 미칠 것이라고 추론할 수 있으며, 근로자의 경영참여에 관해 규정하고 있는 노사협의회에 대한 불만의 경우에 있어서도 파업성향에 영향을 미칠 수 있을 것이라고 추론해 볼 수 있을 것이다. 그러므로 다음과 같은 가설을 설정하였다.

가설 Ⅰ-1 임금에 대한 불만족은 파업성향에 정(+)의 영향을 미칠 것
　　　　　이다.

가설 Ⅰ-2 복지후생에 대한 불만족은 파업성향에 정(+)의 영향을
　　　　　미칠 것이다.

가설 Ⅰ-3 인사제도에 대한 불만족은 파업성향에 정(+)의 영향을
　　　　　미칠 것이다.

가설 Ⅰ-4 노사협의회에 대한 불만족은 파업성향에 정(+)의 영향을
　　　　　미칠 것이다.

## 2) 몰입변수

직무몰입, 조직몰입, 노조몰입 등과 같이 몰입이라는 주제는 연구자
나 실무가들 사이에서 대단히 관심이 높은 주제로 조직몰입이 가장 관
심을 받는 몰입변수이지만, 최근에는 노조몰입, 그리고 회사조직과 노
조에 동시에 몰입하는 이중몰입으로까지 연구가 확대되고 있다. 게다가
다중몰입(multiple commitment)은 단일몰입(single commitment)에 비하
여 더 좋은 조직성과를 창출한다는 연구들이 있다(Steers and Rhodes,
1978; Wiener and Vardi, 1980).

Martin(1986)은 몰입이라는 개념과 개인의 파업에 대한 지지 사이의
유사성에 기초해서, 몰입개념은 개인의 파업 지지를 설명하는 데 유용
하다고 주장하고 있다.

Ng(1989)는 교수협의회에 부정적 견해를 가지고 있는 교수들은 노조
몰입 수준이 낮고, 노조의 정치적 힘과 노조의 근무처 수단성(union's
workplace instrumentality)[13]을 믿는 조합원들은 노조몰입 수준이 높게
나타났다고 한다. 또한 Fields, Master & Thacker(1987)에서도 노조몰입

---

13) 작업장에서 임금, 복지후생 등과 같은 근로조건 개선에 노동조합이 유용한 수단이
　　되는 것을 말함.

은 노조활동 참가와 정치적 지지에 정(+)의 상관관계가 나타났다. 파업에 대한 참가도 노동조합활동의 일환이므로 노조몰입은 파업성향과 관련이 있음을 시사해 준다.

조영대·김광근(1999)은 호텔종사원을 대상으로 한 연구에서 노조의 의사결정관행을 긍정적으로 지각할수록 노조몰입이 높아지며, 노조만족이 높아질수록 노조몰입이 높아지며, 노조만족이 높을수록 노조몰입이 높아진다는 결과를 얻었다.

또한 노조몰입은 노사관계에 대해 급진적 성향을 가진 근로자들이 타협적 성향을 가진 근로자들에 비하여 노조몰입이 더 높은 결과를 보여주고 있다(김기석·성영신·김철민, 1989).

노조몰입은 파업성향에 강한 영향을 미치고 있는데, Gordon, et al.(1980)은 노조에 대한 구성원의 몰입은 노조의 힘에 영향을 미친다고 주장하고 있으며, Fullagar & Barling(1989)와 Thacker, Fields & Barclay(1990)는 노조몰입은 근로자의 노조활동 참가에 의미 있는 효과를 미치고 있다는 사실을 발견하였다. 또한 Cohen(1992)도 노조몰입이 파업성향에 정(+)의 영향을 미치고 있음을 밝혀냈다.

반면, 조직몰입은 고충처리행동(grievance filing behavior)에 부(-)의 영향을 미치며(Dalton & Todor, 1981, 1982), 또한 간호사와 교사의 파업성향에 부(-)의 영향을 미치고 있다(Allutto & Belasco, 1974).

이 같은 연구결과들을 볼 때, 노조간부의 파업성향에 있어서도, 조직몰입은 파업성향에 부(-)의 효과를 미치며, 노조몰입을 파업성향에 정(+)의 영향을 미친다고 추론할 수 있다. 따라서 다음과 같은 가설을 설정하였다.

가설 Ⅱ-1 노조몰입은 파업성향에 정(+)의 영향을 미칠 것이다.
가설 Ⅱ-2 조직몰입은 파업성향에 부(-)의 영향을 미칠 것이다.

### 3) 가치변수

제2장 3절에서 살펴본 바와 같이, 집단중심주의자들은 개인중심주의자들에 비하여 노조의 필요성을 더욱 느끼며(이태진·조윤형·조영배, 2003), 내집단에 대해 더욱 친밀감을 가지고 있고 내집단 구성원들을 동질적인 사람들로 인식하기 때문에(Ting, 1993) 타 집단에 대해서 대단히 경쟁적인 행태를 보이거나 감정적인 이질감을 표출하는 경향을 나타내며, 개인중심주의자들은 협력적 노사관계에 호의적인 태도를 가지고 있는 반면 집단중심주의자들은 협력적 노사관계와 적대적 노사관계 모두에 호의적 태도를 가지고 있는 것으로 볼 때(이태진·조윤형·조영배, 2003), 집단중심주의자는 대립적 노사관계와 관련이 있다고 말할 수 있다.

이러한 사실은 노동조합 가입의 필요성을 더욱 느끼는 집단중심주의자들에 있어서 노동조합을 내집단으로 보고 교섭 상대방인 사용자를 외집단으로 보게 되고 외집단인 사용자에 대하여 배타적이며 경쟁적이고 적대적인 관계를 갖게 된다고 할 수 있겠다. 따라서 교섭상대방인 사용자에 대한 적대적이고 배타적인 태도를 갖게 된다는 것은, 노사관계관점에서 볼 때, 파업에 대한 참가 의사를 높이는 요인으로 작용한다고 추론할 수 있다. 따라서 다음과 같은 가설을 설정하였다.

> 가설 Ⅲ 노조간부의 집단주의 가치관은 파업성향에 정(+)의 영향을
> 미칠 것이다.

## 2. 소속노총의 조절효과에 관한 가설

근로자들이 외부의 준거집단에 의하여 영향을 받는 것은 많은 연구

에서 입증되었다. 특히 친한 동료의 영향력, 직장의 분위기, 사회 일반 여론에 영향 많이 받는 것으로 밝혀졌다(이선구, 1990; 문옥륜 & 이기효, 1991).

앞의 제2장 제4절에 한국노총과 민주노총의 비교에서 살펴본 바와 같이, 민주노총이 한국노총의 노선에 반발하여 민주노조와 정치세력화 추구 등을 기치로 설립된 점, 그리고 한국노총의 전신인 전노협 소속 조합간부들의 의식이 한국노총 조합간부들의 의식에 비하여 더 진보적 이라는 사실 및 민주노총 강령상 정치세력화 실현채택과 정당창당 및 활발한 정치활동 등으로 볼 때 한국노총은 민주노총에 비하여 경제적 조합주의 노선에 치우쳐 있고, 민주노총은 한국노총에 비하여 더 정치적 조합주의 노선에 치우쳐 있다고 말할 수 있겠다.

이성희(1997)는 노동조합위원장의 노조활동 성향과 상급단체별 차이에 대한 실증 연구에서 투쟁의 필요성과 파업에 대한 선호도 및 위법행위 유무를 기준으로 노조위원장의 선호를 투쟁지향형과 협력지향형으로 구분한 후 민주노총과 한국노총 소속 노조위원장을 대상으로 조사한 결과 한국노총의 경우 95명 중 72(75.79%)명이 협력지향형으로 분류된 반면, 민주노총의 경우 46명 중 42명(91.30%)이 투쟁지향형으로 분류되었다.

앞서 언급한 바와 같이 두산중공업의 배달호, 세원테크의 이해남, 근로복지공단의 이용석, 한진중공업의 김주익 등 최근 일련의 근로자 자살 사태의 경우 자살한 근로자들은 모두 민주노총 소속 조합원이었다는 공통점이 있다.

노동부가 발표한 최근 5년간 노사분규 현황분석 결과를 볼 때 1999년부터 2003년까지 발생한 노사분규 총 1,325건 중 민주노총 사업장에서 발생한 분규가 1,077건으로 81.2%를 차지하고 있는데, 이는 우리나라 전체노동조합 6,506개 중 민주노총 소속 노동조합 수가 1,529(23.5%)인 점을 감안하면 민주노총계열 사업장에서의 노사분규 발생비율이 상당히 높음을 알 수 있다.

이상과 같은 결과를 볼 때, 근로자는 해당 노동조합이 소속된 상급
노조에 영향을 받을 수 있을 것이며, 특히 민주노총 소속 사업장 노동
조합 간부가 한국노총 소속 사업장 노동조합 간부보다 파업성향이 높
을 것이라고 추정할 수 있다. 따라서 다음과 같은 가설을 설정하였다.

95

가설 Ⅳ-1-① 임금에 대한 불만족이 파업성향에 미치는 영향은 한국노
총 소속 간부보다는 민주노총 소속 간부에게서 더 강
하게 나타날 것이다.

가설 Ⅳ-1-② 복지후생에 대한 불만족이 파업성향에 미치는 영향은
한국노총 소속 간부보다는 민주노총 소속 간부에게서
더 강하게 나타날 것이다.

가설 Ⅳ-1-③ 인사제도에 대한 불만족이 파업성향에 미치는 영향은
한국노총 소속 간부보다는 민주노총 소속 간부에게서
더 강하게 나타날 것이다.

가설 Ⅳ-1-④ 노사협의회에 대한 불만족이 파업성향에 미치는 영향
은 한국노총 소속 간부보다는 민주노총 소속 간부에
게서 더 강하게 나타날 것이다.

가설 Ⅳ-2-① 노조몰입이 파업성향에 미치는 영향은 한국노총 소속
간부보다는 민주노총 소속 간부에게서 더 강하게 나
타날 것이다.

가설 Ⅳ-2-② 조직몰입이 파업성향에 미치는 영향은 한국노총 소속
간부보다는 민주노총 소속 간부에게서 더 강하게 나
타날 것이다.

가설 Ⅳ-3 집단주의가 파업성향에 미치는 영향은 한국노총 소속
간부보다는 민주노총 소속 간부에게서 더 강하게 나
타날 것이다.

# 제3절 변수의 조작적 정의와 측정도구

## 1. 변수의 조작적 정의

96

본 연구에서 사용되는 변수는 크게 독립변수와 종속변수 그리고 조절변수로 구분된다. 독립변수로 불만족 변수에 임금불만족, 복지후생 불만족, 인사제도 불만족, 노사협의회 불만족, 몰입변수에는 조직몰입과 노조몰입을 그리고 마지막으로 가치변수로서 집단주의를 선택하였으며, 노조가 소속된 노총(한국노총, 민주노총)을 조절변수로 채택하였다. 이들 변수들에 대한 조작적 정의와 측정도구를 선행연구에 근거하여 아래와 같이 설정하였다.

### 1) 파업성향

본 논문에서는 연구대상을 노조간부만으로 특정하였다. 노동조합을 이끌고 있는 노조간부들을 연구대상으로 하였기 때문에 파업에 대한 호의적 태도와 같은 태도적 측면으로 파업성향을 측정하는 것보다 장래파업에 대한 참가 의사로 파업성향을 측정하는 것이 더욱 효과적이라 할 것이다. 또한 이러한 장래파업에 대한 참가 의사라도 법률의 테두리 내에서 이루어지는 합법적인 파업이냐, 아니면 법률의 테두리를 벗어난 불법적인 파업이냐에 따라서 파업에 대한 참가 의사가 차이가 난다고 할 수 있다. 왜냐하면, 정당한 파업의 경우에 있어서 파업참가자는 단지 무노동 무임금(no work no pay)원칙에 따라 임금손실만 감수하면 되지만 불법파업의 경우에는 임금손실, 징계는 물론 업무방해죄 등에 의한 형사상 책임이나, 가압류 및 손해배상에 따른 민사상책임도 감수해야 하기 때문이다.[14] 이처럼 합법적인 파업과 불법적 파업은 파업참가자가 느끼는 강도에 차이가 있고 노조간부를 대상으로 한 파업성향의 측정에 있어서는 불법파업에 대한 참가 의사가 더욱 의미 있다고 생각된다. 그러므로 본 연구에서는 종속변수로서 합법파업에의 참가의사인 합법파업성향과 불법파업에의 참가 의사인 불법파업성향으로 구분한 후 Martin(1986), 이선구(1990)가 사용한 측정도구를 참고하여 Likert식 7점 척도로 측정하였다.

### 2) 불만족 변수

불만은 동기이론과 생산성 또는 이직 등을 다루는 연구에서 독립변수로 사용되어 왔다. 그러나 노조와 관련하여서는 파업과 관련된 행동은 자신들의 요구조건을 관철하기 위한 수단으로 행해진다는 점에서 여러 가지 요구조건에 대한 불만이 파업의 원인이라 할 수 있다.

불만의 반대개념이라 할 수 있는 만족의 경우 특히 직무만족에 관한 연구는 조직행위론 분야에서 많이 다루어지고 있는데, 많은 연구문헌을 살펴보면 직무만족의 측정도구는 서로 다르게 사용되고 있으며 그중에서도 JDI(job discriptive index)와 MSQ(minnesota satisfaction questionaire)는 표준적 질문지로서 가장 널리 활용되고 있다(이선구, 1990).

그러나 파업성향을 측정하는 데 있어서 독립변수, 즉 설명변수로서 불만족을 측정하는 데 있어서 기존의 설문지를 그대로 사용하는 것은 적절치 않다(이선구, 1990). 따라서 본 연구에서는 MSQ short form의 설문을 기본으로 하여 이선구(1990)가 재작성한 설문과 정필선이 사용한 설문 중에서 연구자의 연구의도에 맞게 몇 가지를 선택하여 사용하였다.

---

14) 2003년 10월 17일 자살한 금속노조 한진중공업 김주익 지회장의 경우 가압류 및 손해배상철폐 등이 관련 이슈였고, 김주익 지회장의 자살이후 노동계에서는 손배 및 가압류철폐가 뜨거운 이슈였음

임금은 근로자가 근로의 대가로 지급받는 금품이므로 임금에 대한 불만족은 임금, 상여금, 각종수당 등을 포함한 총 임금수준에 대한 불만과 타기업이나 자신의 노력 및 능력 및 맡고 있는 업무와 비교한 임금수준에 대한 불만족도로 정의하였고 측정은 Henneman의 Pay Satisfaction Questionnaire를 참고로 이선구가 작성한 설문과 JDI(job descriptive index), MSQ(minnesota satisfaction questionnaire), PSQ(pay satisfaction questionnaire)를 기초로하여 정필선이 재구성한 설문항목 중 4개를 추출하여 사용하였고 Likert식 5점 척도를 이용하였다.

복지후생이란 임금 이외의 주거지원제도, 의료지원제도, 휴가지원제도 등 각종 부가급여를 말하는 것으로 복지후생 불만족이란 복지후생시설 및 제도에 자체에 대한 불만족과 복지후생시설 및 제도로부터 누리는 혜택에 대한 불만으로 정의하였고 측정은 Henneman의 Pay Satisfaction Questionnaire를 참고로 이선구가 작성한 설문을 이용하였고 Likert식 5점 척도를 이용하였다.

인사제도에 대한 불만족의 경우에는 승진의 공정성과 인사고과의 객관성 및 인사이동의 공정성 등에 대한 불만족으로 정의하였고, MSQ short form을 기초로 이선구가 재작성하여 이용한 측정항목 중 3개를 사용하였으며, 노사협의회에 대한 불만족의 경우에도 개최회수, 운영방법 등에 대한 불만족으로 정의하였고 Likert식 5점 척도를 이용하였다.

### 3)몰입변수

몰입에 관한 변수로는 조직몰입과 노조몰입 두 가지 변수를 채택하였는데, 조직몰입이란 기업의 구성원으로서의 개인이 기업과 동일시하여 기업의 목표에 헌신하는 것(Kreitner & Kinicki, 2001)으로 정의하였고, 마찬가지로 노조몰입이라 함은 노조의 구성원으로서의 조합원 개인이 자신을 노조와 동일시하여 노조의 목표에 헌신하는 것으로 정의하였다. 조직몰입에 대한 측정은 Cook & Wall(1980)이 사용한 조직몰입에 관한 9가지의 측정도구를 사용하였고, 노조몰입의 경우에 있어서도 Cook & Wall(1980)이 사용한 조직몰입에 관한 9개의 측정도구 중 조직을 노조로 수정하여 이 중 7개를 사용하여 측정하였으며 Likert식 5점 척도를 이용하였다.

99

### 4) 가치변수: 집단주의

집단주의란 개인이 자신의 목표와 이익에 지향적(oriented)인지, 집단의 이익에 더 지향적인지를 기준으로 집단의 구성원으로서의 개인의 목표와 집단의 목표가 충돌 될 때 개인중심주의자는 개인의 목표를 우선시하며, 집단중심주의자는 집단의 목표를 우선시하며, 내집단에 대해 호의적인 반면, 외집단에 대해서는 배타적이며, 또한 성과에 대한 배분에 있어서도 공헌에 따른 배분이 아닌 평균적 배분을 우선시하는 가치관으로 정의하였고, Triandis(1995)가 사용한 12개의 측정도구를 사용하여 측정하였으며 Likert식 7점 척도를 이용하였다.

### 5) 소속노총

소속노총이란 해당 노동조합이 가입한 총연합단체를 말하는 것으로 한국노총과 민주노총으로 구분한 명목척도로 측정하였다.

## 2. 측정도구

본 연구에서 사용하고자 하는 측정도구를 요약하면 <표 3-2>와 같다.

〈표 3-2〉 측정도구

| 구 분 | | 측정항목 | 출 처 |
|---|---|---|---|
| 파업성향 | | 2 | Martin(1986), 이선구(1990) |
| 불만족 변수 | 임 금 | 4 | 이선구(1990), 정필선(1996) |
| | 복지후생 | 3 | |
| | 인사제도 | 6 | |
| | 노사협의회 | 4 | |
| 몰입변수 | 조직몰입 | 3 | Cook & Wall(1980) |
| | 노조몰입 | 4 | Cook & Wall(1980) |
| 가치변수 | 집단주의 | 12 | Triandis(1995) |
| 소속노총 | 한국노총, 민주노총 | 2 | 명목척도 |
| 일반적 사항 | | 13 | |

# 제4절 연구대상 및 연구방법

## 1. 표본의 선정 및 자료수집 방법

### 1) 표본의 선정 및 자료수집 방법

본 논문은 노조간부의 파업성향 결정요인이 무엇인지를 밝히는 연구이며 아울러 소속노총의 조절효과가 있는지를 알아보기 위한 연구이므로 양 노총 중 업종 등 제반 환경의 유사성이 강한 집단을 선택하였다. 양 노총의 인터넷 홈페이지에서 양 노총 산하 산별연맹을 검색한 결과 한국노총 산하의 금속노련과 민주노총 산하의 금속연맹이 가장 유사한 업종이어 연구목적에 부합하였다. 따라서 연구의 대상을 한국노총 금속노련 소속 노동조합과 민주노총 금속연맹 소속 노동조합을 표본으로 선정하였다. 선정된 표본 중 무작위로 금속노련 소속 75개 노조와 금속연맹 소속 75개 노조를 선택하여 각 노조 당 설문지를 10매씩 1,500부를 우편 발송하였다.

본 조사에 앞서 하이닉스반도체가 위치한 이천 아미공단 내 기숙사에 기숙하고 있는 노동조합원들을 대상으로 예비조사를 실시하였고, 예비조사 결과를 통해서 설문항목을 수정·보완하였다.

자료는 2004년 11월 1일부터 2004년 11월 20일까지 수집하였고, 수집방법은 우편을 통한 방법과 연구자가 직접 방문하여 회수하는 방식을 병행하였으며, 이 같은 방식을 통해서 430부를 회수하였다. 회수된 설문지 중 불성실한 답변이 있는 설문지와 중심화경향이 뚜렷한 설문지 총 50부를 제외한 총 380부를 최종분석에 사용하였다.

101

## 2. 자료 분석 방법

본 연구는 설문조사 방법으로 자료를 수집하고 다양한 통계기법을 적용하여 가설의 검증 및 분석을 하였다. 실증분석은 기초통계분석과 가설 검증으로 크게 두 부분으로 나누어 실시하였다. 여기에 활용되는 구체적인 방법은 다음과 같다.

첫째, 표본의 인구통계적 분포를 파악하였다.

둘째, 분석에 활용된 변수의 평균과 표준편차를 분석하기 위해 기술통계기법(description analysis)을 사용하였다.

셋째, 변수의 타당성을 분석하기 위하여 요인분석을 실시하였는데,

요인추출방법은 주성분분석방법을 사용하였으며, 요인구조를 단순화하기 위한 요인회전방법은 베리멕스(varimax)방법을 사용하였다.

넷째, 측정도구의 신뢰성을 내적 일관성(internal consistence) 분석을 통해 검증하기 위해 크론바하 알파(Cronbach's $a$)계수를 측정하였다.

다섯째, 파업성향에 관한 가설을 검증하기 위하여 상관관계 분석과 다중회귀분석을 실시하였으며, 조절변수의 상호작용효과를 검증하기 위하여 계층적 회귀분석 방법을 실시하였다.

# 제4장 자료 분석 및 가설의 검증

# 제1절 자료의 분석

## 1. 표본의 구성

### 1) 조사 대상자의 인구통계적 특성

조사 대상자들의 인구통계학적 분포를 살펴보면 <표 4-1>과 같다. 응답자의 분포로는 남성이 91.29%, 여성이 8.71%로 남성이 대다수를 차지하고 있으며, 결혼 여부에서도 기혼이 77.27%, 미혼이 22.73%로 기혼자가 더 많았다. 연령에서는 20-30세가 23.43%, 41세 이상은 5.45%로 나타났으며, 31-40세가 71.12%로 대부분을 차지하고 있는 것으로 분석되었다. 학력별 분포로는 고졸이 전체의 78.99%를 나타내고 있어 대부분이 고졸학력인 것으로 분석되었고, 전문대졸과 대졸 이상은 각각 17.82%, 3.19%로 고학력 취득자가 적게 분포하고 있음을 알 수 있다.

연봉의 분포를 살펴보면 2400만원 미만이 21.64%, 3600만원 미만은 45.38%로 전체의 절반 정도가 연봉 3600만 원 미만인 것으로 나타났으며, 4200만 원 미만은 20.84%, 4800만 원 미만과 4800만 원 이상의 높은 연봉을 받고 있는 사람들은 각각 8.44%와 3.69%인 것으로 분석되었다.

현 직장의 근무연수를 살펴보면 1년 미만과 1-2년은 각각 0.79%, 1.59%로 적음을 알 수 있으며, 3-4년은 8.47%, 5년 이상은 조사 대상자의 대부분인 89.15%로 나타났다.

〈표 4-1〉 인구통계적 특성(단위: 명, %)

| 구 분 | 분 류 | 빈 도 | 백분율 | 누적백분율 |
|---|---|---|---|---|
| 성 별 | 여 성 | 33 | 8.71 | 8.71 |
| | 남 성 | 346 | 91.29 | 100.00 |
| 결혼 여부 | 기 혼 | 255 | 77.27 | 77.27 |
| | 미 혼 | 75 | 22.73 | 100.00 |
| 연 령 | 20-30세 | 86 | 23.43 | 23.43 |
| | 31-40세 | 261 | 71.12 | 94.55 |
| | 41세 이상 | 20 | 5.45 | 100.00 |
| 학 력 | 고 졸 | 297 | 78.99 | 78.99 |
| | 전문대졸 | 67 | 17.82 | 96.81 |
| | 대졸 이상 | 12 | 3.19 | 100.00 |
| 연 봉 | 2400만 원 미만 | 82 | 21.64 | 21.64 |
| | 3600만 원 미만 | 172 | 45.38 | 67.02 |
| | 4200만 원 미만 | 79 | 20.84 | 87.86 |
| | 4800만 원 미만 | 32 | 8.44 | 96.31 |
| | 4800만 원 이상 | 14 | 3.69 | 100.00 |
| 근무연수 | 1년 미만 | 3 | 0.79 | 0.79 |
| | 1-2년 | 6 | 1.59 | 2.38 |
| | 3-4년 | 32 | 8.47 | 10.85 |
| | 5년 이상 | 337 | 89.15 | 100.00 |

2) 조사 대상자의 일반적 특성

조사 대상자의 일반적 특성은 <표 4-2>와 같다. 조합 내에서의 위치로는 위원장은 5.54%, 임원 21.37%, 대의원 32.45%, 상집간부 36.15%, 기타 4.49%로 나타나 대의원과 상집간부가 대부분을 차지하고 있는 것으로 나타났다.

노조간부로 보임된 방법으로는 '조합원 선거'가 62.33%로 높게 나타났으며, '노조위원장이 임명'은 37.67%인 것으로 조사되었다. 또한, 노조활동 전임 여부로는 전임 39.12%, 비전임 55.10%로 나타나 절반정도가 비전임인 것으로 나타났으며, 일부전임은 5.79%인 것으로 분석되었다.

<표 4-2> 조사 대상자의 일반적인 특성

(단위: 명, %)

| 구 분 | 분 류 | 빈 도 | 백분율 | 누적백분율 |
|-------|-------|-------|--------|-----------|
| 조합 내 위치 | 위원장 | 21 | 5.54 | 5.54 |
| | 임 원 | 81 | 21.37 | 26.91 |
| | 대의원 | 123 | 32.45 | 59.37 |
| | 상집간부 | 137 | 36.15 | 95.51 |
| | 기 타 | 17 | 4.49 | 100.00 |
| 보임방법 | 조합원 선거 | 230 | 62.33 | 62.33 |
| | 노조위원장 임명 | 139 | 37.67 | 100.00 |
| 전임 여부 | 전 임 | 142 | 39.12 | 39.12 |
| | 비전임 | 200 | 55.10 | 94.21 |
| | 일부전임 | 21 | 5.79 | 100.00 |
| 조합원 수 | 100명 미만 | 29 | 7.63 | 7.63 |
| | 100-500명 미만 | 134 | 35.26 | 42.89 |
| | 500-1000명 미만 | 65 | 17.11 | 60.00 |
| | 1000-1500명 미만 | 60 | 15.79 | 75.79 |
| | 1500-2000명 미만 | 10 | 2.63 | 78.42 |
| | 2000명 이상 | 82 | 21.58 | 100.00 |
| 파업참여 경험 | 있 음 | 266 | 70.74 | 70.74 |
| | 없 음 | 110 | 29.26 | 100.00 |

| 구 분 | 분 류 | 빈 도 | 백분율 | 누적백분율 |
|---|---|---|---|---|
| 조직 형태 | 기업별 노조 | 237 | 62.86 | 62.86 |
| | 산업별 노조 | 140 | 37.14 | 100.00 |
| 노사관계 전략 | 노조동반자 전략 | 187 | 57.19 | 57.19 |
| | 노조지배 전략 | 140 | 42.81 | 100.00 |
| 소속노총 | 민주노총 | 221 | 58.16 | 58.16 |
| | 한국노총 | 159 | 41.84 | 100.00 |

조합원 수로는 100명 미만이 7.63%, 100-500명 미만이 35.26%로 높게 나타났으며, 500-1000명 미만 17.11%, 1000-1500명 미만 15.79%, 1500-2000명 미만 2.63%로 조사되었으며, 2000명 이상도 21.58%인 것으로 조사되었다. 파업참여 경험은 있음 70.74%로 나타났으며, 없음은 29.26%로 나타나 많은 노조간부들이 파업참여 경험이 있는 것으로 조사되었다. 노동조합의 조직 형태로는 기업별 노조 62.86%, 산업별 노조 37.14%인 것으로 분석되었다. 노조간부의 인식을 통해서 본 사용자의 노사관계 전략에 있어서 노조동반자전략이 57.19%로 나타나 노조동반자전략이 더 많이 나타나기는 하였으나 노조지배전략을 사용한다는 인식도 42.81%로 상당히 높음을 보여주고 있다. 노조의 소속된 상급단체에는 한국노총이 41.84%, 민주노총이 58.16%인 것으로 나타났다.

## 2. 측정도구의 타당성 및 신뢰성 분석

### 1) 측정도구

본 연구에서는 Likert 5점 척도와 7점 척도에 의한 설문조사를 통하여 각 변수들을 측정하였다. 설문지는 크게 독립변수로 불만족 변수,

몰입변수, 가치변수의 3개 부분과 종속변수로 파업성향에 대해 측정하였으며 설문의 정확성을 기하기 위하여 타당성 조사로 요인분석을 실시한 후 타당성이 확보된 변수만을 선별, 신뢰성 분석을 하여 신뢰성이 확보된 변수만을 분석에 사용하였다.

109

## 2) 타당성 검증

타당성은 조사자가 측정하고자 하는 개념이나 속성을 얼마나 정확히 반영할 수 있는가를 의미하며, 타당성의 종류에는 내용타당성, 준거관련 타당성, 구성개념 타당성의 세 가지로 나눌 수 있다. 이 중 구성개념 타당성은 측정지표의 실제 측정지표의 실제 측정결과가 본래 의도된 이론적 개념과 부합되는지를 평가하는 것이므로 가장 중요한 타당성이라 할 수 있다. 구성타당성을 검증하는 방법으로는 일반적으로 요인분석이 사용된다.

본 연구에서는 타당성을 검증하기 위하여 탐색적 요인분석을 실시하였으며, 요인추출방법은 고유 값(eigen value)이 1 이상으로 주성분분석을 사용하였으며, 요인구조를 단순히 하기위한 요인 회전방법으로는 Varimax방법을 사용하였다. 또한, 요인부하량이 0.5이상인 요인만을 선별하여 추출하였다.

각 변수별로 요인분석을 실시한 결과를 세부적으로 살펴보면 다음과 같다.

## 가. 불만족 변수에 대한 요인분석

### 〈표 4-3〉 불만족 변수 요인분석 결과

| 구 분 | | 측정 항목 | 요인부하량 | | | |
|---|---|---|---|---|---|---|
| | | | 요인 1 | 요인 2 | 요인 3 | 요인 4 |
| 불만족변수 | 인사제도 | I-12 | **0.847** | 0.184 | 0.232 | 0.079 |
| | | I-11 | **0.840** | 0.147 | 0.236 | 0.105 |
| | | I-13 | **0.788** | 0.159 | 0.205 | 0.142 |
| | | I-9 | **0.779** | 0.239 | 0.164 | 0.231 |
| | | I-8 | **0.768** | 0.239 | 0.085 | 0.278 |
| | | I-10 | **0.564** | 0.265 | 0.263 | 0.264 |
| | 임 금 | I-2 | 0.231 | **0.868** | 0.140 | 0.201 |
| | | I-3 | 0.246 | **0.851** | 0.171 | 0.211 |
| | | I-4 | 0.177 | **0.848** | 0.154 | 0.238 |
| | | I-1 | 0.272 | **0.836** | 0.120 | 0.235 |
| | 노사협의회 | I-19 | 0.161 | 0.148 | **0.879** | 0.223 |
| | | I-18 | 0.196 | 0.101 | **0.856** | 0.080 |
| | | I-20 | 0.224 | 0.132 | **0.806** | 0.198 |
| | | I-21 | 0.372 | 0.212 | **0.631** | 0.228 |
| | 복지후생 | I-7 | 0.264 | 0.252 | 0.225 | **0.838** |
| | | I-6 | 0.277 | 0.319 | 0.225 | **0.808** |
| | | I-5 | 0.196 | 0.312 | 0.245 | **0.800** |
| 고유치 | | | 8.737 | 1.941 | 1.650 | 1.061 |
| 설명분산(%) | | | 51.39 | 11.42 | 9.71 | 6.24 |
| 누적설명분산(%) | | | 51.39 | 62.81 | 72.52 | 78.76 |

불만족 변수에 대한 측정도구는 Likert식 5점 척도에 의해 측정되었으며, 임금 7개, 복지후생 4개, 인사제도 4개, 노사협의회 3개의 문항으로 총 21문항으로 구성되어 있다. 1차 요인분석 결과 기존의 구성과 동일하게 타당성이 나타나 1차 요인분석 결과를 분석에 사용하였으며, 그 결과는 <표 4-3>과 같이 타당성이 확보되었다.

불만족 변수에 대한 요인분석에서 기존의 연구에서 볼 수 있었던 방식으로 요인을 묶을 수 있었으며, 고유 값은 모두 1 이상이었으며, 요인부하량이 모두 0.5 이상으로 나타났다. 또, 누적설명분산이 78.76%로 나타나 전체의 설명력이 상당히 높게 나타나 타당성에 문제가 없는 것으로 나타났다.

111

### 나. 몰입변수에 대한 요인분석

몰입변수에 대한 설문지는 노조몰입 7개 문항, 조직몰입 9문항의 총 16 문항으로 구성되어 있다. 1차 요인분석 결과 연구자가 의도한 결과 값이 나오지 않아 요인부하량이 낮은 변수를 각각 제거하여 2차 요인분석을 실시하였다. 그 결과는 <표 4-4>와 같다.

<표 4-4> 몰입변수 요인분석 결과

| 구 분 | | 측정 항목 | 요인부하량 | |
|---|---|---|---|---|
| | | | 요인 1 | 요인 2 |
| 몰 입 변 수 | 노조 몰입 | II-1 | **0.815** | 0.085 |
| | | II-3 | **0.788** | 0.049 |
| | | II-6 | **0.710** | 0.242 |
| | | II-7 | **0.708** | 0.232 |
| | 조직 몰입 | II-4 | 0.226 | **0.793** |
| | | II-2 | 0.058 | **0.781** |
| | | II-5 | 0.163 | **0.740** |
| 고유 값 | | | 2.939 | 1.317 |
| 설명분산(%) | | | 42.42 | 18.81 |
| 누적설명분산(%) | | | 42.42 | 61.23 |

몰입변수의 요인분석 결과 노조몰입 4개의 문항이 줄었으며, 조직몰입은 6개의 문항이 삭제된 3개의 문항으로 이루어졌다. 고유 값은 모두 1 이상이었으며, 요인부하량도 0.7 이상으로 매우 높게 나타났다. 누적설명분산 비율은 61%로 나타나 타당성이 확보되었다고 할 수 있다.

### 3) 신뢰성 분석

신뢰성(Reliability)이란 동일한 대상, 특성 또는 구성을 비교가능하고 독자적인 방법으로 측정하여 나타난 결과들이 어느 정도 유사한가를 나타내는 것으로 의존가능성, 안전성, 일관성, 예측가능성, 정확성 등과 동의어로 사용된다. 즉 신뢰성이란 동일한 개념에 대하여 측정을 되풀이했을 때 동일한 측정값을 얻을 가능성을 말한다.

<표 4-5> 신뢰성 분석 결과

| 측정 항목 | | 설문문항 | | 문항수 | 신뢰도(Cronbach $\alpha$) |
|---|---|---|---|---|---|
| 불만족<br>변수 | 임 금 | I | 1-4 | 4 | .9408 |
| | 복지후생 | I | 5-7 | 3 | .9264 |
| | 인사제도 | I | 8-13 | 6 | .9157 |
| | 노사협의회 | I | 18-21 | 4 | .8850 |
| 몰입변수 | 노조몰입 | II | 1, 3, 6, 7 | 4 | .7690 |
| | 조직몰입 | II | 4, 2, 5 | 3 | .6886 |
| 가치변수 | 집단주의 | III | 1-12 | 12 | .7891 |

본 연구에서는 각 구조유형과 직무만족 요인의 내적 일관성을 중심으로 신뢰성을 측정하고, 다시 전체를 한 요인으로 측정하였다. 내적 일관성이란 동일한 개념을 측정하기 위해 여러 가지 항목을 이용하는 경우 신뢰성을 저해하는 항목을 찾아내어 제거시킴으로써 측정도구의 신뢰성을 높이기 위한 방법으로 Cronbach's Alpha($\alpha$)계수를 이용하였으며, 신뢰성 계수의 적정 수준을 판정하는 절대적인 기준은 없으나, 일반적으로 0.6 이상이면 문제가 없으며, 0.7 이상이면 만족스러운 수준이고 0.8 이상이면 바람직한 것으로 지적되고 있다(Nunnally, 1978). 이처럼 설문지에 대한 각 요인의 특징을 알아보기 위한 평균값 분석과 신뢰도를 확보하기 위하여 신뢰성 분석을 실시한 결과는 <표 4-5>과 같다.

신뢰성 분석 결과, 불만족 변수의 임금(.9408), 복지후생(.9264), 인사제도(.9157), 노사협의회(.8850), 몰입변수의 노조몰입(.7690), 조직몰입(.6886), 집단주의(.7891) 등 모든 항목에서 Cronbach $a$값이 0.6 이상인 것으로 나타나 신뢰성이 확보되었다고 볼 수 있다.

### 4) 평균값 분석

타당성과 신뢰성이 확보된 항목의 평균값 분석 결과를 보면 <표 4-6>과 같다.

〈표 4-6〉 평균값 분석

| 구 분 | | 변 수 | 평 균 | 표준편차 |
|---|---|---|---|---|
| 독립<br>변수 | 불만족<br>변수 | 임 금 | 2.99 | 0.91 |
| | | 복지후생 | 3.07 | 0.92 |
| | | 인사제도 | 3.51 | 0.83 |
| | | 노사협의회 | 3.02 | 0.85 |
| | 몰입변수 | 노조몰입 | 4.07 | 0.69 |
| | | 조직몰입 | 3.27 | 0.91 |
| | 가치변수 | 집단주의 | 5.31 | 0.62 |
| 종속<br>변수 | 파업성향 | 합법파업성향 | 6.43 | 0.95 |
| | | 불법파업성향 | 4.70 | 1.87 |

독립변수의 5점 척도로 조사된 불만족 변수에서는 임금(2.99), 복지후생(3.07), 인사제도(3.51), 노사협의회(3.02) 중 인사제도에서의 불만정도가 가장 크게 나타났으나 대부분의 결과가 3에 인접한 값을 나타내고 있다고 볼 수 있으며, 몰입변수와 불만족 변수에서는 노조몰입(4.07)이 조직몰입(3.27) 보다 높게 나타났다. 한편, 7점 척도로 측정된 가치변수인 집단주의는 5.31로 나타났으며, 종속변수로 7점 척도로 측정된 파업성향에서는 합법파업성향(6.43)이 불법파업성향(4.70)보다 더 높은 것으로 분석되었다.

### 5) 측정변수들의 상관관계 분석

각각의 통제 변수, 조절변수, 독립변수, 종속변수 간의 상관여부를 검증하기 위하여 상관분석을 실시하였는데, 통제 변수로 사용된 성별, 결혼 여부와 조절변수로 사용된 소속단체는 명목척도로써 분석에 그대로 적용할 수 없으므로 더미변수 처리를 하여 성별(남성=1, 여성=0), 결혼 여부(미혼=1, 기혼=0), 소속단체(한국노총=1, 민주노총=0)를 표현해 주었고, 분석 결과는 <표 4-7>과 같다.

<표 4-7> 변수들의 상관관계 분석 결과

| 구 분 | | 성별 | 결혼여부 | 연령 | 학력 | 소속노총 | 집단주의 | 노조몰입 | 조직몰입 | 임금 | 복지후생 | 인사제도 | 노사협의회 | 합법파업성향 | 불법파업성향 |
|---|---|---|---|---|---|---|---|---|---|---|---|---|---|---|---|
| 통제변수 | 성별 | .000 | | | | | | | | | | | | | |
| | 결혼여부 | -.408*** | .000 | | | | | | | | | | | | |
| | 연령 | .493*** | -.538*** | .000 | | | | | | | | | | | |
| | 학력 | .082 | -.098 | -.042 | .000 | | | | | | | | | | |
| 조절변수 | 소속노총 | -.011 | -.045 | -.103 | .182** | .000 | | | | | | | | | |
| 독립변수 | 집단주의 | .164** | -.128* | .196** | -.117 | -.075 | .000 | | | | | | | | |
| | 노조몰입 | .078 | -.022 | .133* | -.086 | -.088 | .506*** | .000 | | | | | | | |
| | 조직몰입 | -007 | -.022 | .134* | -.123* | -.011 | .300*** | .315*** | .000 | | | | | | |
| | 임금 | .088 | -.043 | .127* | -.077 | -.277*** | .033 | -.069 | -.184** | .000 | | | | | |
| | 복지후생 | .005 | .012 | .015 | -.141* | -.406*** | -.009 | -.067 | -.136* | .630*** | .000 | | | | |
| | 인사제도 | .049 | -.047 | .143* | -.111 | -.478*** | .040 | -.014 | -.083 | .523*** | .527*** | .000 | | | |
| | 노사협의회 | -.02 | .044 | .052 | -.146* | -.334*** | -.128* | -.152* | -.164* | .427*** | .512*** | .523*** | .000 | | |
| 종속변수 | 합법파업성향 | .088 | -.093 | .150* | -.058 | -.306*** | .240*** | .335*** | .103 | .111 | .084 | .278*** | .070 | .000 | |
| | 불법파업성향 | .020 | -.003 | .097 | -.206*** | -.479*** | .152* | .318*** | .034 | .056 | .268*** | .278*** | .238*** | .355*** | .000 |

* p < .05 ** p < .01 *** p < .001

# 제2절 가설의 검증 및 해석

## 1. 불만족 변수와 파업성향에 대한 가설 검증 및 해석   115

가설 Ⅰ은 불만족 변수들이 파업성향에 정(+)의 영향을 미칠 것이라는 것이었다. 이를 검증해 보기 위해 회귀 분석한 결과는 <표 4-8>와 같다. [모형 1]은 성별, 결혼 여부, 연령, 학력 등 인구통계변수들을 통제한 후, 임금·복지후생·인사제도·노사협의회에 대한 불만족이 파업성향에 미치는 영향을 나타내주고 있다.

임금에 대한 불만족은 합법파업성향에는 유의한 영향을 미치지 못하였지만, 불법파업성향에는 유의한 부(−)의 영향을 미치는 것으로 나타났다. 따라서 임금에 대한 불만족은 파업성향에 정(+)의 영향을 미칠 것이라는 가설 Ⅰ-1은 기각되었다. 이러한 결과는 상당히 의외의 결과라 할 수 있다. 일반적으로 임금에 대한 불만족은 파업성향에 정(+)의 영향을 미친다거나(문옥륜 & 이기효, 1991; McClendon & Klaas, 1993), 영향이 없다(이선구, 1990; Cohen, 1992)는 것이 일반적인 연구결과이다. 그런데 본 연구에서는 임금에 대한 불만족은 불법파업성향에 부(−)의 영향을 미치고 있다. 즉 임금에 대한 불만이 높아질수록 불법파업성향이 낮아진다는 것이다. 그러나 이러한 결과를 임금에 대한 불만족이 적어질수록 파업성향이 높다고 해석하기는 납득하기 어렵다고 생각된다. 물론 임금이 높은 사람들이 파업참가자였다는 Snarr(1975)의 연구결과가 있긴 하지만 임금을 제외한 복지후생에 대한 불만족과 인사제도에 대한 불만족에는 정(+)의 영향을 미치고 있다는 사실을 볼 때 측정방법에 있어서의 문제가 아닌가 생각된다. 즉 본 연구에서 임금불만족에 대한 측정은 임금수준(동종업계의 타 기업과 비교한 임금수준, 담당 업무와 비교한 임금수준, 능력이나 노력에 비교한 임금수준, 임금총액수준)으로 측정하였을 뿐 임금형태나 임금체계 등에 대해서는 측정하지 않았기 때문에 나타난 것이 아닌가 생각된다.

복지후생에 대한 불만족은 합법파업성향에는 유의한 영향을 미치지 못하였지만, 불법파업성향에는 유의한 정(+)의 영향을 미치는 것으로 나타났다. 그러므로 복지후생에 대한 불만족은 파업성향에 정(+)의 영향을 미칠 것이라는 가설 Ⅰ-2는 부분적으로 채택되었다. 이러한 사실은 기존의 연구결과(이선구, 1990; McClendon & Klass, 1993)와 일치하는 것으로, 파업참가 의사를 결정하는 데 있어서 임금 이외의 근로조건이라 할 수 있는 복지후생이 중요한 원인이라는 것을 다시 한 번 확인시켜 준 것이다. 1995년부터 2003년까지의 노사분규 원인 중[15] '임금인상'의 비중 상대적으로 낮아지고 근로조건에 대한 집단계약이라 할 수 있는 '단체협약'의 비중이 높아져 왔던 결과와도 같은 맥락이라 할 것이다. 따라서 단체협약의 주 이슈가 복지후생에 관련된 점이라는 사실을 볼 때, 노사관계의 한 당사자인 사용자는 복지후생에 대한 지속적 관심을 기울여야 함을 말해 준다.

인사제도에 대한 불만족의 경우, 합법파업성향과 불법파업성향 모두에 유의한 정(+)의 영향을 미치는 것으로 나타났다. 이러한 결과는 기존의 연구결과(이선구, 1990; 정필선, 1996)를 다시 한 번 확인시켜준 결과로 인사제도에 대한 불만족은 파업성향에 정(+)의 영향을 미칠 것이라는 가설 Ⅰ-3은 채택되었다. 각각의 불만족 변수에 대한 평균값을 분석한 <표 4-6>과 같이 인사제도에 대한 불만의 평균값이 3.51로 다른 불만족 요인에 비하여 제일 높은 결과를 나타내주고 있는 점을 볼

---

15) 1995년부터 2003년까지의 노사분규 발생원인 중 임금인상 vs 단체협약의 비중(건수)은 95년 33 : 49, 96년 19 : 62, 97년 18 : 51, 98년 28 : 57, 99년 40 : 89, 2000년 47 : 167, 2001년 59 : 149, 2002년 44 : 249, 2003년 43 : 249로 임금의 비중이 낮아져 왔음 (노동부, 2004).

때, 노사관계의 이슈가 단체교섭의 대상이 아니라고 보는 인사권에까지 확대되어 갈 수 있음을 암시해 준다 할 것이다.[16] 노동조합 간부들은 단체교섭이나 노사협의회에 위원으로 활동함으로 인해서 인사제도를 포함한 회사의 제반 제도에 대해서 일반 조합원보다 접할 기회가 많은데, 이러한 과정에서 인사제도의 불합리한 점이라든가 문제점 등에 대해서 인지하고 있기 때문이 아닌가 생각된다.

117

경영참가라 할 수 있는 노사협의회 운영에 대한 불만족의 경우, 합법파업성향과 불법파업성향 모두에 유의한 영향을 미치지 못하는 것으로 나타나 가설 Ⅰ-4는 기각되었다. 이러한 사실은 노사협의회 운영에 대한 불만이 있다 하더라도 파업으로 발전할 여지는 없다는 것을 말해 준다 할 것이다.

〈표 4-8〉 불만족 변수와 소속노총의 파업성향에 대한 회귀분석 결과

| | 합법파업성향 | | | | | | 불법파업성향 | | | | | |
|---|---|---|---|---|---|---|---|---|---|---|---|---|
| | 모형 1 | | 모형 2 | | 모형 3 | | 모형 1 | | 모형 2 | | 모형 3 | |
| | β | t | β | t | β | t | β | t | β | t | β | t |
| 성 별 | .00 | .05 | .00 | .05 | -.01 | -.21 | .02 | .32 | .02 | .34 | .00 | .15 |
| 결혼 여부 | .00 | .06 | -.02 | -.30 | -.02 | -.32 | .01 | .17 | -.02 | -.41 | -.01 | -.16 |
| 연 령 | .09 | 1.40 | .06 | .95 | .09 | 1.39 | .03 | .56 | -.01 | -.17 | -.00 | -.08 |
| 학 력 | -.02 | -.37 | -.00 | -.05 | -.00 | -.02 | -.12 | -2.31* | -.09 | -1.86 | -.11 | -2.18* |
| 임금(A) | -.03 | -.44 | -.00 | -.12 | -.08 | -.95 | -.25 | -3.57*** | -.21 | -3.21*** | -.18 | -2.18* |
| 복지후생(B) | -.03 | -.49 | -.09 | -1.22 | .02 | .26 | .25 | 3.34*** | .16 | 2.22* | .25 | 3.02** |
| 인사제도(C) | .35 | 4.94*** | .26 | 3.53*** | .04 | .43 | .20 | 2.81** | .05 | .73 | .17 | 1.84 |
| 노사협의회(D) | -.09 | -1.35 | -.09 | -1.44 | -.04 | -.56 | .06 | .88 | .05 | .82 | -.12 | -1.50 |
| 소속노총(G) | | | -.23 | -3.66*** | -.80 | -2.84** | | | -.38 | -6.32*** | .01 | .06 |
| A × G | | | | | .38 | 1.66 | | | | | -.12 | -.59 |
| B × G | | | | | -.54 | -2.17* | | | | | -.48 | -2.07* |
| C × G | | | | | .88 | 3.14** | | | | | -.46 | -1.76 |
| D × G | | | | | -.19 | -.84 | | | | | .72 | 3.38** |

16) 실제로 많은 기업들이 인사권에 관련된 사항에 대해서도 노동조합과 단체교섭을 통해서 단체협약을 맺고 있는 실정임(예로, 하이닉스반도체의 경우 징계위원회에 노동조합위원장이 참여하고 있으며, 노조간부의 인사에 있어서도 사전에 노조와 협의하도록 규정되어 있음)

| | 합법파업성향 | | | | | | 불법파업성향 | | | | | |
|---|---|---|---|---|---|---|---|---|---|---|---|---|
| | 모형 1 | | 모형 2 | | 모형 3 | | 모형 1 | | 모형 2 | | 모형 3 | |
| | β | t | β | t | β | t | β | t | β | t | β | t |
| $R^2$ | .10 | | .14 | | .18 | | .14 | | .24 | | .28 | |
| $\triangle R^2$ | . | | | | .04** | | | | | | .04** | |
| F | 4.28*** | | 5.45*** | | 5.19*** | | 6.12*** | | 10.59*** | | 9.09*** | |

\* p < .05  \*\* p < .01  \*\*\* p < .001

# 2. 몰입변수와 파업성향에 대한 가설 검증 및 해석

가설 Ⅱ는 몰입이 파업성향에 영향을 미칠 것이라는 것이었다. 이를 검증해 보기 위해 회귀 분석한 결과는 <표 4-9>와 같다.

### 〈표 4-9〉 몰입변수와 소속노총의 파업성향에 대한 회귀분석 결과

| | 합법파업성향 | | | | | | 불법파업성향 | | | | | |
|---|---|---|---|---|---|---|---|---|---|---|---|---|
| | 모형 1 | | 모형 2 | | 모형 3 | | 모형 1 | | 모형 2 | | 모형 3 | |
| | β | t | β | t | β | t | β | t | β | t | β | t |
| 성별 | -.00 | -.07 | -.01 | -.27 | -.03 | -.65 | .00 | .02 | -.01 | -.26 | -.00 | -.08 |
| 결혼여부 | -.01 | -.21 | -.05 | -.82 | -.05 | -.84 | .00 | .09 | -.04 | -.79 | -.04 | -.79 |
| 연령 | .10 | 1.52 | .05 | .84 | .06 | .97 | .03 | .55 | -.03 | -.51 | -.04 | -.69 |
| 학력 | -.02 | -.37 | .02 | .37 | .03 | .64 | -.16 | -3.07** | -.10 | -2.13* | -.11 | -2.19* |
| 노조몰입(A) | .32 | 5.74*** | .31 | 5.72*** | .21 | 3.03** | .32 | 5.68*** | .30 | 5.90*** | .32 | 4.96*** |
| 조직몰입(B) | .00 | .03 | .01 | .18 | .03 | .46 | -.09 | -1.66 | -.08 | -1.59 | -.03 | -.61 |
| 소속노총(G) | | | -.28 | -5.34*** | -.94 | -2.89** | | | -.41 | -8.39*** | -.04 | -.13 |
| A × G | | | | | .79 | 2.37* | | | | | -.14 | -.45 |
| B × G | | | | | -.12 | -.55 | | | | | -.24 | -1.20 |
| $R^2$ | .12 | | .20 | | .21 | | .12 | | .29 | | .29 | |
| $\triangle R^2$ | | | | | .01* | | | | | | .00 | |
| F | 7.28*** | | 10.88*** | | 9.20*** | | 7.34*** | | 17.80*** | | 14.12*** | |

\* p < .05  \*\* p < .01  \*\*\* p < .001

[모형 1]은 성별, 결혼 여부, 연령, 학력 등 인구통계변수들을 통제한 후, 노조몰입과 조직몰입이 파업성향에 미치는 영향을 나타내주고 있다. 이에 의하면, 노조몰입은 합법파업성향과 불법파업성향 모두에 유의한 정(+)의 영향을 미치는 것으로 나타났다. 이러한 사실은 노조몰입은 파업성향에 정(+)의 영향을 미친다는 Cohen(1992)이나 McClendon & Klaas(1993)의 연구결과와 일치하는 것이다. 즉 노동조합간부가 노동조합에 몰입할수록 파업참가 의사는 높아진다고 할 수 있다. 그러므로 노조몰입은 파업성향에 정(+)의 영향을 미칠 것이라는 가설 Ⅱ-1은 채택되었다. 이러한 사실은 노동조합을 이끌어 가고 있는 노동조합 간부에 있어서 노동조합에 대한 몰입의 중요성을 알려주는 것이라고 할 수 있다. 노조지도부는 노동조합을 이끌어가면서 사용자와의 임금교섭과 단체교섭은 연례적인 행사이고 노동조합의 가장 중요한 업무인데,[17] 이 과정에서 노사 간 의견의 불일치가 발생하여 파업에 돌입할 경우 자원동원이론에 설명하는 것처럼, 얼마나 많은 조합원을 파업에 참여시킬 수 있느냐는 파업의 성패를 결정하는 중요한 요소이다. 노조몰입이 파업성향에 정(+)의 영향을 미치고 있기 때문에 결국 조합원을 적극적으로 파업에 참여시키기 위해서는 조합원을 노동조합에 몰입하게 하는 것이 무척 중요하다는 사실을 본 연구는 밝혀주고 있다.

반면, 조직몰입의 경우, 파업성향에 유의한 영향을 미치지 못하여 가설 Ⅱ-2는 기각되었다. 이러한 사실은 조직몰입은 파업성향에 부(-)의 효과를 미친다는 기존의 연구결과와는 차이를 보이고 있다(Allutto & Belasco, 1974; Martin & Sinclair, 2001). 이러한 이유는 노조간부들의 노조몰입 수준과 조직몰입 수준이 <표 2-7>에서와 같이 정(+)의 상관관계를 가지고 있으며, 실제로 본 연구에 있어서 노조간부들의 조직몰입의 평균값이 5점 척도에서 3.27을 기록하고 있는 점에서도 알 수 있다.

119

---

17) 임금교섭은 매년, 단체교섭은 2년마다 교섭하는 것이 한국의 일반적인 형태임.

이러한 현상은 노조에 몰입하면서 회사조직에 몰입하는 이중몰입의 가능성을 제기해 준다 할 것이며, 비록 사용자에 대해서는 적대적이거나 투쟁적일지라도 회사에 대한 애사심은 낮지 않다고 생각할 수 있겠다.

120

## 3. 가치변수와 파업성향에 대한 가설 검증 및 해석

가설 Ⅲ은 노조간부의 집단주의적 가치관은 파업성향에 영향을 미칠 것이라는 것이었다. 이를 검증해 보기 위해 회귀 분석한 결과는 <표 4-10>과 같다. [모형 1]은 성별, 결혼 여부, 연령, 학력 등 인구통계변수들을 통제한 후, 집단주의가 파업성향에 미치는 영향을 나타내주고 있다.

**〈표 4-10〉 가치변수와 소속노총의 파업성향에 대한 회귀분석 결과**

| | 합법파업성향 | | | | | | 불법파업성향 | | | | | |
|---|---|---|---|---|---|---|---|---|---|---|---|---|
| | 모형 1 | | 모형 2 | | 모형 3 | | 모형 1 | | 모형 2 | | 모형 3 | |
| | β | t | β | t | β | t | β | t | β | t | β | t |
| 성별 | -.00 | -.04 | -.01 | -.22 | -.01 | -.31 | .01 | .25 | .00 | .00 | .00 | .10 |
| 결혼 여부 | .02 | .29 | -.02 | -.30 | -.02 | -.42 | .03 | .45 | -.02 | -.40 | -.01 | -.25 |
| 연령 | .10 | 1.47 | .05 | .84 | .06 | .89 | .03 | .42 | -.03 | -.58 | -.04 | -.62 |
| 학력 | -.01 | -.17 | .02 | .52 | .03 | .59 | -.15 | -2.75** | -.09 | -1.86 | -.10 | -1.93 |
| 집단주의(A) | .23 | 4.17*** | .21 | 4.02*** | .15 | 2.14* | .15 | 2.62** | .12 | 2.42** | .18 | 2.68** |
| 소속노총(G) | | | -.28 | -5.18*** | -.82 | -1.84 | | | -.42 | -8.16*** | .14 | .32 |
| A × G | | | | | .54 | 1.22 | | | | | -.56 | -1.32 |
| $R^2$ | .26 | | .38 | | .38 | | .23 | | .47 | | .47 | |
| $\triangle R^2$ | | | | | .00 | | | | | | .00 | |
| F | 4.75*** | | 8.77*** | | 7.74*** | | 3.54** | | 14.69*** | | 12.87*** | |

* $p < .05$ ** $p < .01$ *** $p < .001$

이에 의하면, 집단주의는 합법파업성향과 불법파업성향 모두에 유의한 정(+)의 영향을 미치는 것으로 나타났다. 그러므로 노조간부의 집단주의 가치관은 파업성향에 정(+)의 영향을 미칠 것이라는 가설 Ⅲ은 채택되었다. 연구모델 및 가설의 도출논리에서도 언급한 바와 같이 개인주의와 집단주의를 구분하는 가장 큰 특징 중의 하나가 외집단에 대한 배타성이 있느냐이며 집단주의 문화는 외집단에 대해서 배타적인 반면 개인주의 문화는 외집단에 대해서 배타적이지 않다는 것이다. 연구결과 노조간부의 집단주의적 가치관은 파업성향에 정(+)의 영향을 미쳤다. 이러한 사실을 노사관계 관점에서 볼 때, 노조간부들은 노동조합을 내집단(in-group)으로 보고 교섭상대방인 사용자를 외집단(out-group)으로 본다는 것이라 할 수 있다. 이는 집단중심주의자는 개인중심주의자에 비하여 노동조합을 내집단으로 인식할 가능성이 높다고 한 Triandis(1986)의 추정을 입증한 것이라 볼 수 있을 것이다. 협력적 노사관계를 구축하기 위해서 노사 간 신뢰를 쌓아야 되는 상황하에서 노조간부가 사용자를 외집단으로 인식한다는 것은 한국의 노사관계가 쉽게 협조적 관계로 바뀌기 어려울 수 있다는 것을 암시해 준다 할 것이다. 따라서 사용자는 신뢰를 바탕으로 적극적으로 노조를 포용하여 노조간부가 사용자를 내집단으로 인식할 수 있도록 할 필요가 있겠다.

<표 4-6>에서 보는 바와 같이 대상인 노조간부들은 7점 척도에서 평균값이 5.31을 기록하고 있다. 이러한 사실은 노동조합간부들이 높은 집단주의적 가치관을 가지고 있어 집단중심주의자라는 것을 나타내주는 것으로, 사용자와의 단체교섭 결렬 시에 노동조합이 주장을 관철시키기 위한 수단으로써 파업도 불사해야 하는 노동조합의 특성이 노조간부들을 집단주의적 가치관을 갖도록 하지 않았나 생각된다. 또한 <표 4-17>에 나타난 바와 같이, 노조간부의 집단주의적 가치관에 있어서 한국노총(M=5.27)과 민주노총(M=5.34) 간에 유의적인 차이가 없었다. 이러한 사실로 볼 때, 양 노총은 집단주의적 문화를 형성하고 있

121

다고 말할 수 있겠고, 양 노총 간의 집단주의적 문화의 높고 낮음의
차이는 없다고 말할 수 있겠다.

## 4. 소속노총의 조절효과에 대한 검증 및 해석

### 1) 불만족 변수가 파업성향에 영향을 미치는 데 있어서 소속노총의 조절효과 검증

임금·복지후생·인사제도·노사협의회에 대한 불만이 파업성향에 영
향을 미치는 데 있어서 소속노총의 조절효과를 확인하기 위해 회귀 분
석한 결과는 <표 4-8>의 [모형Ⅲ]에 제시되어 있다. 이러한 조절효과를
분석하기 위하여 통제 변수들과 불만족 변수들인 임금(A), 복지후생(B),
인사제도(C), 노사협의회(D), 소속노총(G), 그리고 불만족 변수 각각과
소속노총의 상호작용항(A × G, B × G, C × G, D × G)을 독립변수로 동
시에 투입하였다.

그 결과, 먼저 합법파업성향에 있어서 통제 변수들과 각각의 불만족
변수 및 소속노총 변수를 투입했을 때의 설명력($R^2$)이 14%였던 것에
비해, 불만족 변수인 임금, 복지후생, 인사제도, 노사협의회 각각과 소
속노총의 상호작용항을 회귀식에 추가 투입함으로써 설명력이 18%로
증가하였다. 또한 이 설명력의 증분($\triangle R^2$)에 대한 F 검증 결과 통계적
으로 유의하게 나타났다. 즉 상호작용 효과가 유의미함을 확인할 수 있
는 것이다. 한편, 불법파업성향에 있어서 통제 변수들과 각각의 불만족
변수 및 소속노총 변수를 입했을 때의 설명력($R^2$)이 24%였던 것에 비
해, 불만족 변수인 임금, 복지후생, 인사제도, 노사협의회 각각과 소속
노총의 상호작용항을 회귀식에 추가 투입함으로써 설명력이 28%로 증

가하였다. 또한 이 설명력의 증분($\triangle R^2$)에 대한 F 검증 결과 통계적으로 유의하게 나타났다. 즉 상호작용 효과가 유의미함을 확인할 수 있는 것이다.

불만족 변수 각각에 대한 상호작용효과를 살펴보면,

첫째, 상호작용항인 임금 × 소속노총은 파업성향에 유의한 영향을 미치지 못하는 것으로 나타났다. 따라서 임금에 대한 불만족이 파업성향에 미치는 영향은 한국노총 소속 간부보다는 민주노총 소속 간부에게서 더 강하게 나타날 것이다라는 가설 Ⅳ-1-①은 기각되었다.

둘째, 상호작용항인 복지후생 × 소속노총($\beta$=-.54, t=-2.17)은 합법파업성향에 유의한 영향을 미치는 것으로 나타났으며, 상호작용항인 복지후생 × 소속노총($\beta$=-.48, t=-2.07)은 불법파업성향에도 유의한 영향을 미치는 것으로 나타났다. 이러한 상호작용효과를 좀 더 자세히 살펴보기 위해 복지후생에 대한 불만족의 평균값을 기준으로 높은 집단 / 낮은 집단으로 구분하고, 한국노총 / 민주노총으로 구분한 다음, 종속변수들에 대해 이들 집단 간의 차이분석을 시도하였다. 먼저 <표 4-11>와 <그림 4-1>에 제시된 바와 같이 복지후생에 대한 불만족이 합법파업성향에 영향을 미치는 데 있어서 민주노총 소속 간부가 한국노총 소속 간부에 비하여 합법파업성향이 높았다. 하지만, 복지후생에 대한 불만족이 높아짐에 따라 한국노총 소속 노조간부의 합법파업성향이 급격히 높아지는 것으로 나타나 복리후생에 대한 불만족이 합법파업성향에 영향을 미치는데 있어서 소속노총의 조절효과는 입증되었다. 이러한 결과는 상당히 의미 있는 결과라 할 것인데, 한국노총 소속 간부들은 복지후생에 대한 불만이 높아지면 합법파업을 통해서 그 같은 불만을 시정시키고자 한다는 것이다. 즉 합법파업에는 적극적으로 참여할 의사가 있다는 것이다. 일반적으로, 복지후생에 대한 부분은 정당한 단체교섭의 대상이라 할 것이므로 한국노총 소속 노동조합이라 하더라도 복지부분에 대한 불만이 높을 경우에는 노동조합에서 파업불사하고 강하게 교섭에 임할 것이라고 예상할 수 있을 것이다. 따라서 교섭상대방인 사용자는 이 점을 감안하여 교섭전략을 수립할 필요가 있음을 시사해 준다고 할 수 있다.

124

〈표 4-11〉 복지후생 및 소속노총에 따른 합법파업성향의 집단 간 차이분석

| 변　수 | 하위집단의 평균(표준편차) | | | | F | 사후검증 |
|---|---|---|---|---|---|---|
| | 민주노총<br>복지후생 低 | 민주노총<br>복지후생 高 | 한국노총<br>복지후생 低 | 한국노총<br>복지후생 高 | | |
| 합법파업<br>성향 | 6.64(0.70) | 6.65(0.68) | 5.90(1.15) | 6.26(1.13) | 13.89*** | A＝B＞D＞C |
| | (A) | (B) | (C) | (D) | | |

*** p〈.001

주) 유의수준 .05에서 하위집단 간 유의적 차이를 보이는 경우에 부등호(〈, 〉)로, 그리고 유의적 차이가 없는 경우에는 등호(＝)로 나타냄.

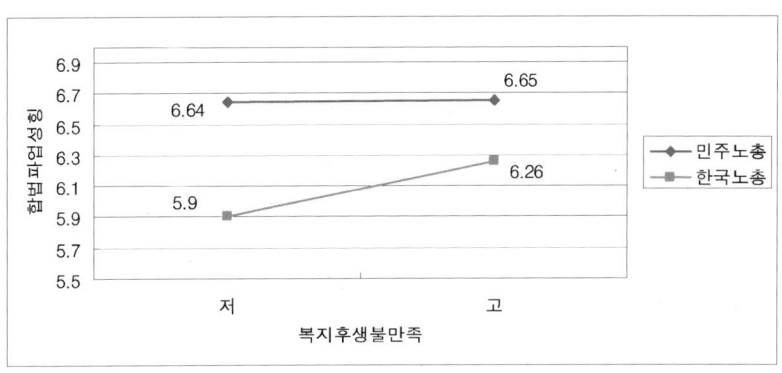

〈그림 4-1〉 합법파업성향에 대한 복지후생 불만족과 소속노총의 상호작용

또한, <표 4-12>와 <그림 4-2>에 제시된 바와 같이 복지후생에 대한 불만족이 불법파업성향에 영향을 미치는 데 있어서 민주노총 소속 간부가 한국노총 소속 간부에 비하여 불법파업성향이 높았다. 또한 복지후생

에 대한 불만이 높아짐에 따라 양 노총 소속 노조간부 모두 불법파업성향이 높아졌지만, 민주노총의 경우에만 복지후생에 대한 불만족이 높은 집단과 낮은 집단 간에 유의적 차이가 나타나 조절효과가 확인되었다. 이러한 결과는 민주노총 소속 간부는 복지후생에 대한 불만족이 높아지면, 불법파업을 해서라도 복지후생에 대한 불만을 해소하고자 함을 의미한다 할 것이다.

〈표 4-12〉 복지제도 및 소속노총에 따른 불법파업성향의 집단 간 차이분석

| 변수 | 하위집단의 평균(표준편차) | | | | F | 사후검증 |
| --- | --- | --- | --- | --- | --- | --- |
| | 민주노총<br>복지제도 低 | 민주노총<br>복지제도 高 | 한국노총<br>복지제도 低 | 한국노총<br>복지제도 高 | | |
| 불법<br>파업<br>성향 | 4.87(1.47)<br><br>(A) | 5.67(1.40)<br><br>(B) | 3.51(1.76)<br><br>(C) | 3.88(1.41)<br><br>(D) | $39.94^{***}$ | B〉A〉C=D |

\*\*\* $p < .001$
주) 유의수준 .05에서 하위집단 간 유의적 차이를 보이는 경우에 부등호(〈, 〉)로, 그리고 유의적 차이가 없는 경우에는 등호(=)로 나타냄.

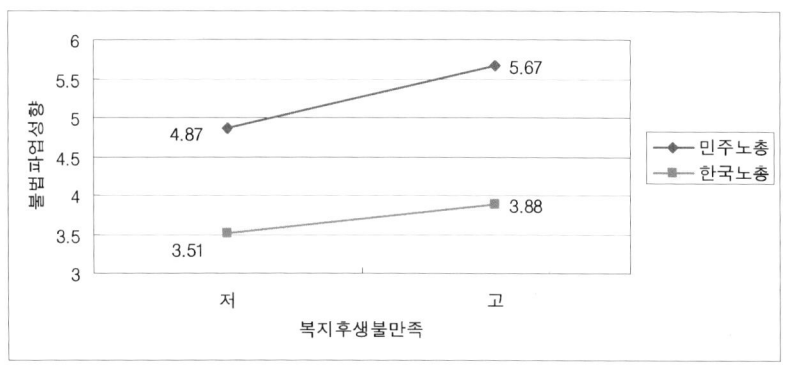

〈그림 4-2〉 불법파업성향에 대한 복지후생 불만족과 소속노총의 상호작용

따라서, 복리후생에 대한 불만족이 파업성향에 미치는 영향은 한국노총 소속 간부보다는 민주노총 소속 간부에게서 더 강하게 나타날 것이라는 가설 Ⅳ-2-②는 불법파업성향의 경우에 한하여 채택되었다.

셋째, 상호작용항인 인사제도 × 소속노총($\beta$=.88, t=3.14)은 합법파업성향에 영향을 유의한 영향을 미치는 것으로 나타났지만, 인사제도 × 소속노총($\beta$=-.46, t=-1.76)은 불법파업성향에 유의한 영향을 미치지 못하는 것으로 나타났다. 이러한 상호작용효과를 좀 더 자세히 살펴보기 위해 인사제도에 대한 불만족의 평균값을 기준으로 높은 집단/낮은 집단으로 구분하고, 한국노총/민주노총으로 구분한 다음, 종속변수들에 대해 이들 집단 간의 차이분석을 시도하였다. <표 4-13>와 <그림 4-3>에 제시된 바와 같이 인사제도에 대한 불만이 합법파업성향에 영향을 미치는 데 있어서 민주노총 소속 간부가 한국노총 소속 간부에 비하여 합법파업성향이 높았다. 하지만 인사제도에 대한 불만이 높아짐에 따라서 한국노총 소속 간부의 합법파업성향이 민주노총 소속 노조간부의 합법파업성향에 비하여 급격히 상승하는 것으로 나타나, 인사제도에 대한 불만족이 합법파업성향에 영향을 미치는데 있어서 소속노총의 조절효과는 입증되었다. 이러한 결과는 상당히 의미있는 결과라 할 것인데, 한국노총 소속 노조간부들은 인사제도에 대한 불만 시에 이를 시정하기 위한 합법파업에는 적극적으로 참여할 의사가 있다는 것이다. 즉 인사제도에 대한 불만이 있더라도 이를 시정하기 위해서 불법파업을 감행하면서까지 인사제도에 대한 요구를 관철시키려고는 하지 않지만, 합법적 테두리 내에서는 파업을 해서라도 인사제도에 관한 요구사항을 관철시키려고 한다고 해석할 수 있다. 이는 사용자와의 단체교섭에 있어서 단체교섭의 대상이 되는 인사제도 관련사항에 대해서는 파업을 감수하고서라도 강력한 주장을 펼치고자 하는 의사가 있다는 것이다. 그러나 민주노총의 경우에 있어서는 전체적으로 합법파업성향이 높을 뿐, 인사제도 관련사항에 대해서 불만이 높은 집단과 낮은 집단 간에 합법파업성향에 있어 유의적 차이가 없었다.

반면, 불법파업성향에는 유의한 영향을 미치지 못하는 것으로 나타났다. 따라서 인사제도에 대한 불만족이 파업성향에 미치는 영향은 한국노총 소속 간부보다는 민주노총 소속 간부에게서 더 강하게 나타날 것이다라는 가설 Ⅳ-1-③은 기각되었다. 하지만 인사제도에 대한 불만족이 합법파업에 영향을 미치는 데 있어서 소속노총의 조절효과는 확인되었다.

127

〈표 4-13〉 인사제도 불만족 및 소속노총에 따른 합법파업성향의
집단 간 차이분석

| 변수 | 하위집단의 평균(표준편차) | | | | F | 사후검증 |
|---|---|---|---|---|---|---|
| | 민주노총 인사제도 低 | 민주노총 인사제도 高 | 한국노총 인사제도 低 | 한국노총 인사제도 高 | | |
| 합법 파업 성향 | 6.66(.72) | 6.69(.62) | 5.98(1.19) | 6.46(1.01) | 16.45*** | A＝B＝D〉C |
| | (A) | (B) | (C) | (D) | | |

\*\*\* p〈.001
주) 유의수준 .05에서 하위집단 간 유의적 차이를 보이는 경우에 부등호(〈, 〉)로, 그리고 유의적 차이가 없는 경우에는 등호(＝)로 나타냄.

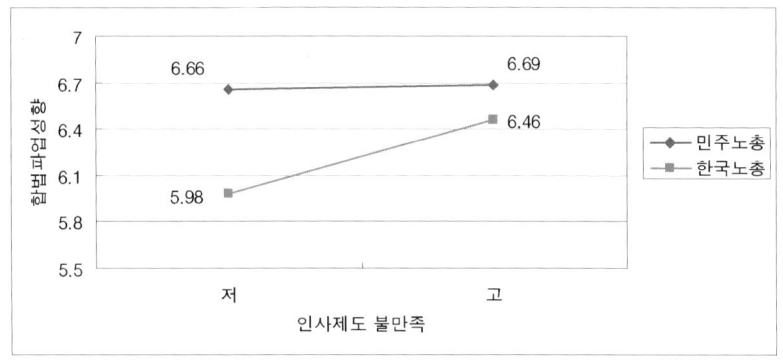

〈그림 4-3〉 합법파업성향에 대한 인사제도 불만족과 소속노총의 상호작용

넷째, 상호작용항인 노사협의회 × 소속노총($\beta$=.72, t=3.38)은 불법파업성향에 유의한 영향을 미치는 것으로 나타났을 뿐, 합법파업성향에는 유의한 영향을 미치지 못하는 것으로 나타났다. 이러한 상호작용효과를 좀 더 자세히 살펴보기 위해 노사협의회에 대한 불만의 평균값을 기준으로 높은 집단/낮은 집단으로 구분하고, 한국노총/민주노총으로 구분한 다음, 종속변수들에 대해 이들 집단 간의 차이분석을 시도하였다. <표 4-14>와 <그림 4-4>에 제시된 바와 같이 노사협의회에 대한 불만이 불법파업성향에 영향을 미치는 데 있어서 민주노총 소속 간부가 한국노총 소속 간부에 비하여 불법파업성향이 높았다. 하지만, 노사협의회의 불만이 높아질수록 한국노총 소속 노조간부의 불법파업성향이 급격히 높아지는 것으로 나타났으며 이러한 차이는 통계적으로 유의한 결과를 보여주고 있다. 따라서 노사협의회에 대한 불만족이 파업성향에 미치는 영향은 한국노총 소속 간부보다는 민주노총 소속 간부에게서 더 강하게 나타날 것이다라는 가설 Ⅳ-1-④는 기각되었다. 하지만 노사협의회에 대한 불만족이 불법파업성향에 영향을 미치는데 있어서 소속노총의 조절효과는 확인되었다.

〈표 4-14〉 노사협의회 및 소속노총에 따른 불법파업성향의 집단 간 차이분석

| 변수 | 하위집단의 평균(표준편차) | | | | F | 사후검증 |
|---|---|---|---|---|---|---|
| | 민주노총 노사협의회 低 | 민주노총 노사협의회 高 | 한국노총 노사협의회 低 | 한국노총 노사협의회 高 | | |
| 불법 파업 성향 | 5.44(1.54) (A) | 5.46(1.51) (B) | 3.41(1.87) (C) | 3.94(1.78) (D) | 35.22*** | A=B〉D〉C |

*** p〈.001
주) 유의수준 .05에서 하위집단 간 유의적 차이를 보이는 경우에 부등호(〈, 〉)로, 그리고 유의적 차이가 없는 경우에는 등호(=)로 나타냄.

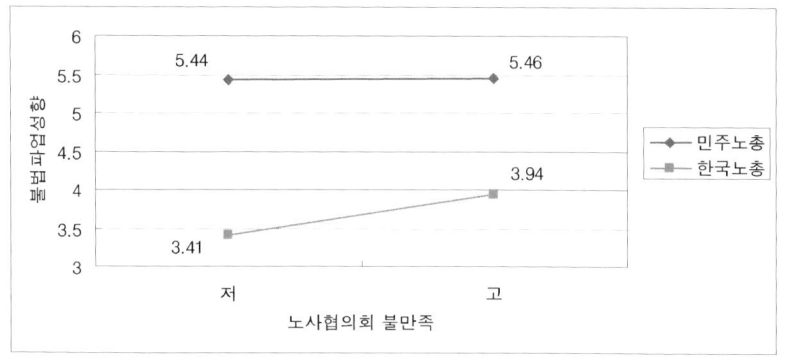

〈그림 4-4〉 불법파업성향에 대한 노사협의회 불만족과 소속노총의 상호작용

## 2) 몰입변수가 파업성향에 영향을 미치는 데 있어서 소속노총의 조절효과 검증

노조몰입과 조직몰입이 파업성향에 영향을 미치는 데 있어서 소속노총의 조절효과를 검증하고자 회귀 분석한 결과는 <표 4-9>의 [모형Ⅲ]에 제시되어 있다. 이러한 조절효과를 분석하기 위하여 통제 변수들과 노조몰입(A), 조직몰입(B), 소속노총(G), 그리고 독립변수와 소속노총의 상호작용항(A × G, B × G)을 독립변수로 동시에 투입하였다.

그 결과, 먼저 합법파업성향에 있어서 통제 변수들과 노조몰입, 조직몰입 및 소속노총 변수를 투입했을 때의 설명력($R^2$)이 20%였던 것에 비해 노조몰입과 소속노총, 직무몰입과 소속노총의 상호작용항을 회귀식에 추가 투입함으로써 설명력이 21.5%로 증가하였다. 또한 이 설명력의 증분($\triangle R^2$)에 대한 F 검증 결과 통계적으로 유의하게 나타났다. 즉 상호작용 효과가 유의미함을 확인할 수 있는 것이다. 하지만 불법파업성향의 경우 상호작용 효과는 유의적으로 나타나지 않았다.

상호작용효과항인 노조몰입 × 소속노총($\beta$=.791, t=2.377)은 합법파업성향에 정(+)의 영향을 미치는 것으로 나타났으며, 불법파업성향에는 유의한 영향을 미치지 못하는 것으로 나타났다.

이러한 상호작용의 관계를 좀 더 자세히 파악해 보기 위해, 노조몰입이 높은 집단/낮은 집단과 한국노총/민주노총 등 네 개의 하위집단으로 분류한 다음, 종속변수들에 대해 이들 집단 간의 차이분석을 시도하였다. <표 4-15>과 <그림 4-5>에서 제시된 합법파업성향의 경우, 전반적으로 민주노총이 한국노총보다 합법파업성향이 더 큰 것으로 나타났고, 노조몰입도가 높아짐에 따라서 합법파업성향이 높아지는 것으로 나타났다. 하지만 노조몰입이 증가할수록 합법파업성향이 높아지며, 이러한 현상은 민주노총보다 한국노총이 더욱 현저하게 나타나고 있으며, 이러한 차이는 통계적으로 유의한 것으로 나타났다. 즉 노조몰입이 높을수록 합법파업성향은 전반적으로 높게 나타나는 가운데, 이러한 합법파업성향의 증가는 민주노총보다 한국노총이 더욱 현저하게 나타나고 있다고 볼 수 있다. 이러한 결과는 양 노총 소속 노조간부들에게 시사하는 바가 크다 할 것인데, 한국노총 소속 노조간부들이 투쟁성을 강화하고자 한다면 그 방법은 노조몰입도 제고라는 방법이 효과적인 방법임을 알려준다 할 것이다. 따라서 노조몰입이 파업성향에 미치는 영향은 한국노총 소속 간부보다는 민주노총 소속 간부에게서 더 강하게 나타날 것이다라는 가설 Ⅳ-2-①은 기각되었다. 하지만 노조몰입이 합법파업성향에 영향을 미치는데 있어서 소속노총의 조절효과는 입증되었다.

〈표 4-15〉 노조몰입 및 소속노총에 따른 합법파업성향의 집단 간 차이분석

| 변수 | 하위집단의 평균(표준편차) | | | | F | 사후검증 |
|---|---|---|---|---|---|---|
| | 민주노총<br>노조몰입 低 | 민주노총<br>노조몰입 高 | 한국노총<br>노조몰입 低 | 한국노총<br>노조몰입 高 | | |
| 합법<br>파업<br>성향 | 6.46(.78)<br><br>(A) | 6.87(.45)<br><br>(B) | 5.72(1.25)<br><br>(C) | 6.55(.87)<br><br>(D) | 31.75*** | B〉A=D〉C |

\* p〈.05 \*\* p〈.01 \*\*\* p〈.001
주) 유의수준 .05에서 하위집단 간 유의적 차이를 보이는 경우에 부등호(〈, 〉)로, 그리고 유의적 차이가 없는 경우에는 등호(=)로 나타냄.

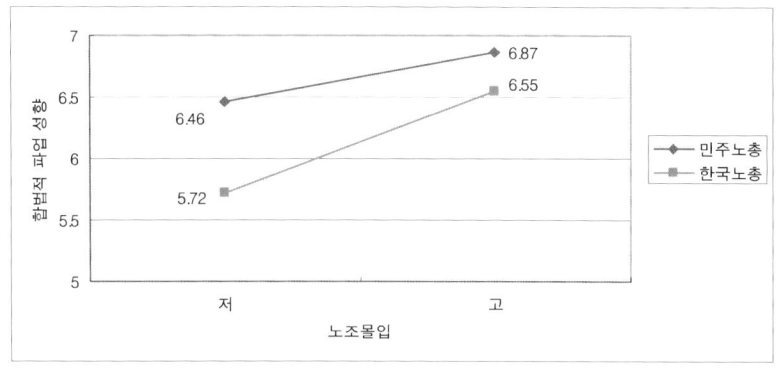

〈그림 4-5〉 합법파업성향에 대한 노조몰입과 소속노총의 상호작용

반면, 상호작용항인 조직몰입×소속노총은 파업성향에 유의한 영향을 미치지 못하는 것으로 나타났다. 따라서 조직몰입이 파업성향에 미치는 영향은 한국노총 소속 간부보다는 민주노총 소속 간부에게서 더 강하게 나타날 것이다라는 가설 Ⅳ-2-②는 기각되었다.

### 3) 집단주의가 파업성향에 영향을 미치는 데 있어서 소속노총의 조절효과 검증

집단주의가 파업성향에 영향을 미치는 데 있어서 소속노총의 조절효과를 검증하고자 회귀 분석한 결과는 〈표 4-10〉의 [모형Ⅲ]에 제시되어 있다. 이러한 조절효과를 분석하기 위하여 통제 변수들과 노조몰입(A), 조직몰입(B), 소속노총(G), 그리고 독립변수와 소속노총의 상호작용항(A×G, B×G)을 독립변수로 동시에 투입하였다.

그 결과, 먼저 합법파업성향에 있어서 통제 변수들과 집단주의 및 소속노총 변수를 투입했을 때의 설명력($R^2$)이 38%였던 것에 비해 집단주의와 소속노총의 상호작용항을 회귀식에 추가 투입해도 설명력이

38%로 변화가 없었다. 또한 불법파업성향에 있어서도 설명력($R^2$)이 47%로 변화가 없었다. 따라서 집단주의 가치관이 파업성향에 미치는 영향은 한국노총 소속 간부보다는 민주노총 소속 간부에게서 더 강하게 나타날 것이다라는 가설 Ⅳ-3은 기각되었다.

가설로 설정하지는 않았지만, 소속노총이 파업성향에 직접적인 효과를 미치는지에 대해서 검증하고자 명목변수인 소속노총을 더미변수로 처리(한국노총=1, 민주노총=0)하여 회귀 분석한 결과는 <표 4-9> 등의 [모형 Ⅱ]에 제시되어 있는데, 소속노총은 합법파업성향과 불법파업성향에 강한 부(-)의 영향을 미치는 것으로 나타났다. 이러한 결과는 상당히 의미 있는 결과라 할 것이다. 그동안 실무적으로 양 노총이 소속 단위노조간부의 파업성향에 영향을 미칠 것이라고 주장되어 왔지만, 이러한 사실이 연구결과를 통해서 실증적으로 밝혀진 적은 없었다. 특히 소속노총과 파업성향과는 강한 부(-)의 관계가 있는 것으로 나타났다. 즉 민주노총 소속일수록 파업성향이 높다는 것이다. 이는 본 연구의 제2장 제4절에서 한국노총과 민주노총을 설립배경, 이념, 파업발생현황 등을 비교해 봄으로써 민주노총이 더욱 전투적이며 파업성향이 높을 것이라는 추론을 증명한 것이다.

또한, 실무적으로 많은 경영자들이나 기업 내 노무담당자들은 민주노총이 과격하다고 인식하고 있으며 자사노조가 민주노총 소속이 되는 것을 무척 우려하고 곤혹스러워하고 있는데, 연구결과는 이 같은 경영자나 기업 내 노무담당자들의 우려가 기우가 아니었음을 확인시켜 준 것이라 할 것이다. 이러한 사실로 볼 때 양 노총 특히 민주노총은 자신들의 과격한 이미지를 불식시키기 원한다면, 노사는 공동운명체라는 노사파트너십 구축에 앞장선다든가, 정부가 마련해 놓은 대화의 장인 노사정위원회에 복귀해서 노사정간에 대화도 하고, 경제단체 대표들과 만나서 외자유치를 돕겠다든가, 노사가 함께 노사파트너십을 만들어 보자라든가, 합법파업만 하겠다라든가 또는 한시적 무파업선언을 한다든가, 노총이 경제발전에 선봉에 서겠다든가하는 선언이나 행동을 해야 할 필요성을 제시해 준다. 노동조합의 기능 중에 정치적 기능이 있기는 하지만 민주노동당을 창당하여 국회의원을 10명이나 배출한 상황하에서 정치투쟁은 민주노동당 국회의원에게 맡기고, 경제발전과 근로자의 복지증진을 위해 합리적 노동운동을 해야 할 때라 생각된다.

133

<표 4-6>에서 보듯, 합법파업성향의 평균값은 6.43, 불법파업성향의 평균값은 4.70이다. 이는 7점 척도의 중간인 4를 넘는 매우 높은 수치라 할 것이다. 특히 불법파업성향에 있어서도 중간인 4를 넘는다는 사실은 노조간부들이 법테두리를 벗어난 노동운동에 대하여 크게 두려워하고 있지 않다는 것을 의미한다. 이는 정부나 사용자가 협력적 노사관계를 구축해나가는 데 큰 걸림돌이다. 이러한 이유는 그동안 불법파업에 대한 정부나 사용자의 대처방식 등 여러 가지 원인에 기인한 것으로 생각된다. 그동안 정부는 불법파업에 대하여 엄정한 법집행을 공언하였지만 실상은 그렇지 못했다[18]. 또한 사용자도 파업참가 기간 중 무노동 무임금 적용, 회사규칙에 따른 징계조치, 및 민형사상 고소·고발 등 법과 원칙에 따른 처리를 해야 함에도 불구하고 파업사태를 해결하면서 민·형사상 문제를 삼지 않겠다고 합의하는 것이 일반적이었으며 심지어는 무노동 무임금 원칙의 적용에 있어서도 생산 장려금이나 위로금 명목으로 파업기간 동안의 임금손실에 대하여 보전해 주고 있는 경우가 많았다.[19]

---

18) 노무현대통령이 당선된 이후 두산중공업의 파업사태와 화물연대의 파업사태 등 불법파업에 대하여 정부는 관련자에 대한 엄정한 형사처벌을 하지 못하여 이후 노사관계가 어려워지는 계기가 되었음.

19) 노동부의 통계에 의할 경우, 무노동 무임금은 88.2%(94년 기준)로 완전히 정착단계라고 하나(임금연구, 1994년 가을호), 이는 기업에서 장려금 등과 같은 방법으로 사실상 임금을 보전해 주는 것을 파악치 못한 결과라 할 것임.
현대·기아, GM대우, 쌍용 등 완성차업체들에는 파업으로 발생한 임금손실분을 보전해 주는 조건을 달아 노사협상을 최종 타결하는 관행이 정착돼 있다. 자동차업계의 한 관계자는 "완성차업체들은 매년 파업을 되풀이하고 있음에도 불구하고 무노

반면, 노조간부의 측면에서 볼 때 노동운동으로 인한 법위반에 대해서 크게 죄의식을 갖고 있지 않는 분위기를 반영한 것으로 보이는데 노동운동을 주도하여 사법처리를 받은 사람들이 상급단체 등 노동조합의 지도부에서 활동하고 있으며 또한 정치가로 변신하여 활동하고 있는 등[20] 이들이 역할모델(role modeling)을 하고 있기 때문인 것으로 생각된다. 이런 가운데 2004년 11월 30일에 발표된 LG칼텍스정유의 불법파업가담자에 대한 징계통보조치[21]는 합리적 노사관계 정립의 이정표가 되었다고 평가되고 있다.(머니투데이, 2004. 11. 30.)

독립변수와 조절변수가 파업성향에 유의한 영향을 미치는 데 있어서 합법파업성향과 불법파업성향에 있어서 차이가 있으며, 또한, <표 4-6>에서 보듯 합법파업성향(M=6.43)과 불법파업성향(M=4.70) 간에 차이가 나타나는데, 이러한 이유는 합법파업과 불법파업에 대한 파업참가자의 책임문제 때문인 것으로 생각된다. 즉 합법파업의 경우에 있어서 파업참가자는 파업참가기간 동안 임금손실의 책임만 부담하면 되지만 불법파업의 경우에 있어서 파업참가자는 파업참가기간 동안 무노동 무임금원칙에 따른 임금손실은 물론 불법행위(불법파업)로 인한 업무방해죄에 대한 형사상 책임은 물론 업무방해로 인한 민사상 가압류 및 손해배상책임을 부담하여야 하고 기업 내에서도 취업규칙위반으로 인한 해고 등 징계조치를 감수해야 하는 등 합법파업에 비하여 불법파업은 파

---

동 무임금을 지킨 사례가 거의 없다고 말했음.(매경, 2004.7.20)

파업과 직장폐쇄 등으로 40일이 넘게 노사분규가 발생한 (주)카프로의 경우 무노동 무임금 적용이 노사분규 해결의 걸림돌 중 하나였으며, 결국 2004. 11. 24. 임금 4.8% 인상, 특별상여금 280%, 제3공장 준공 격려금 100%지급으로 합의하여 사실상 파업기간 중의 임금손실분을 보전해 주었음.(한겨레, 2004.11.24)

20) 예로 민주노총위원장이던 단병호의 경우 수많은 불법파업 주동 등의 이유로 수차례의 형사처벌을 받은 후 현재는 민주노동당 국회의원으로 활동하고 있음

21) 엘지칼텍스정유는 2004. 11. 30. 지난 7월 대규모파업사태와 관련된 조합원에게 징계예정통보를 하였는데, 해고 50명, 정직 300여명, 감봉 280여명 수준으로 알려지고 있으며, 파업을 주도했던 김정곤 전 노조위원장 등 노조간부 10여명이 포함된 것으로 알려지고 있음.(한겨레, 2004. 11. 30.)

업참가자가 부담하는 책임에 훨씬 무겁고 가혹하다 할 것이다.

지금까지의 가설 검증 결과를 간단히 요약하면 <표 4-16>와 같다.

〈표 4-16〉 가설 검증 결과 요약

| 번 호 | 가 설 | 검증 결과 |
|-------|-------|-----------|
| Ⅰ-1 | 임금에 대한 불만은 파업성향에 정(+)의 영향을 미칠 것이다. | 기각 |
| Ⅰ-2 | 복지후생에 대한 불만은 파업성향에 정(+)의 영향을 미칠 것이다. | 부분 채택 |
| Ⅰ-3 | 인사제도에 대한 불만은 파업성향에 정(+)의 영향을 미칠 것이다. | 채택 |
| Ⅰ-4 | 노사협의회에 대한 불만은 파업성향에 정(+)의 영향을 미칠 것이다. | 기각 |
| Ⅱ-1 | 노조몰입은 파업성향에 정(+)의 영향을 미칠 것이다. | 채택 |
| Ⅱ-2 | 조직몰입은 파업성향에 부(-)의 영향을 미칠 것이다. | 기각 |
| Ⅲ | 노조간부의 집단주의 가치관은 파업성향에 정(+)의 영향을 미칠 것이다. | 채택 |
| Ⅳ-1-① | 임금에 대한 불만이 파업성향에 미치는 영향은 한국노총 소속 간부보다는 민주노총 소속 간부에게서 더 강하게 나타날 것이다 | 기각, 조절효과 無 |
| Ⅳ-1-② | 복지후생에 대한 불만이 파업성향에 미치는 영향은 한국노총 소속 간부보다는 민주노총 소속 간부에게서 더 강하게 나타날 것이다 | 부분채택, 조절효과 有 |
| Ⅳ-1-③ | 인사제도에 대한 불만이 파업성향에 미치는 영향은 한국노총 소속 간부보다는 민주노총 소속 간부에게서 더 강하게 나타날 것이다 | 기각, 조절효과 有 |
| Ⅳ-1-④ | 노사협의회에 대한 불만이 파업성향에 미치는 영향은 한국노총 소속 간부보다는 민주노총 소속 간부에게서 더 강하게 나타날 것이다 | 기각, 조절효과 有 |

| 번 호 | 가 설 | 검증 결과 |
|---|---|---|
| IV-2-① | 노조몰입이 파업성향에 미치는 영향은 한국노총 소속 간부보다는 민주노총 소속 간부에게서 더 강하게 나타날 것이다 | 기각, 조절효과 有 |
| IV-2-② | 조직몰입이 파업성향에 미치는 영향은 한국노총 소속 간부보다는 민주노총 소속 간부에게서 더 강하게 나타날 것이다 | 기각, 조절효과 無 |
| IV-3 | 집단주의 가치관이 파업성향에 미치는 영향은 한국노총 소속 간부보다는 민주노총 소속 간부에게서 더 강하게 나타날 것이다 | 기각, 조절효과 無 |

# 제3절 추가분석(소속노총에 따른 요인별 차이분석)

조절변수인 소속노총(민주노총, 한국노총)에 따라 각 요인별로 통계적으로 유의미한 차이가 있는지를 알아보기 위해 t 검증, x2(카이제곱) 검증 및 F 검증 방법을 사용하였다.

## 1. 소속노총에 따른 독립변수별 차이분석

소속노총에 따른 불만족 변수, 몰입변수, 가치변수의 차이를 알아보기 위하여 각 해당 항목별로 t 검증을 실시하여 <표 4-17>과 같은 결과를 얻었다. t 검증 결과 불만족 변수인 임금(t=5.40), 복지후생(t=8.84), 인사제도(t=11.17), 노사협의회(t=6.08)에서 유의수준($a$) 0.05하에서 통계적으로 유의미한 차이가 존재하는 것으로 분석되었는데, 모든 불만족 요인에서 민주노총의 평균값이 한국노총의 평균값보다 높은 것으로 나타났다.

〈표 4-17〉 소속노총에 따른 독립변수별 t 검증

| 독립변수 | 민주노총 | | 한국노총 | | t | p |
|---|---|---|---|---|---|---|
| | 평 균 | 표준편차 | 평 균 | 표준편차 | | |
| 임금불만족 | 3.19 | 0.90 | 2.70 | 0.84 | 5.40*** | .000 |
| 복지후생 불만족 | 3.39 | 0.91 | 2.64 | 0.73 | 8.84*** | .000 |
| 인사제도 불만족 | 3.86 | 0.69 | 3.02 | 0.76 | 11.17*** | .000 |
| 노사협의회 불만족 | 3.24 | 0.83 | 2.72 | 0.79 | 6.08*** | .000 |
| 노조몰입 | 4.12 | 0.69 | 4.00 | 0.68 | 1.75 | .080 |
| 조직몰입 | 3.29 | 0.96 | 3.24 | 0.82 | 0.51 | .610 |
| 집단주의 | 5.34 | 0.60 | 5.27 | 0.66 | 1.21 | .226 |

*** $p < .001$

이러한 요인들로 미루어 볼 때 민주노총 소속 사업장의 임금과 복지후생 수준이 한국노총 소속 사업장에 비하여 낮다고 생각해 볼 수도 있을 것이며, 또한 승진 기회, 인사이동의 적정성, 승진결정의 공정성, 인사고과의 객관성 등 인사제도에 있어서도 민주노총 소속 사업장이 한국노총 소속 사업장에 비하여 덜 공정하고 적정하다고 생각해 볼 수도 있겠다.

한편, 노조몰입이나 조직몰입 소속노총에 따라서 차이가 없는 것으로 나타났으며, 집단주의에 있어서, 한국노총(M =5.27)과 민주노총(M = 5.34) 소속 노조간부 모두 집단주의 성향이 높은 집단중심주의자라고 말할 수 있지만, 소속노총 간에 집단주의에 있어서 유의적 차이가 없는 점으로 보아 양 노총 모두 집단주의적 문화를 가지고 있다고 생각해 볼 수 있겠다.

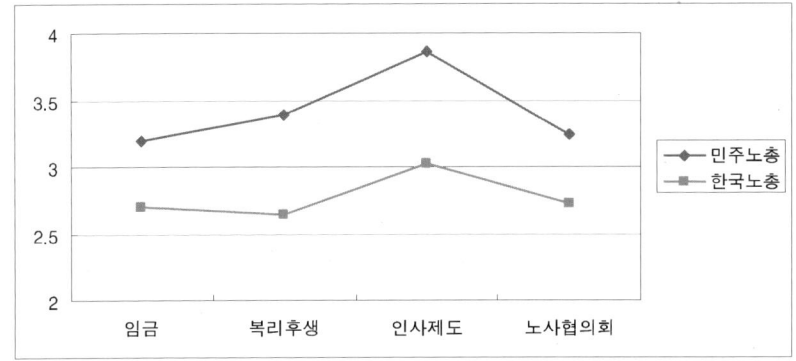

〈그림 4-6〉 소속노총에 따른 불만족 변수의 차이

## 2. 소속노총에 따른 파업성향별 차이분석

소속노총에 따른 파업성향별 차이를 알아보기 위한 t 검증 결과는 <표 4-18>과 같다. 합법파업성향(t=5.86), 불법파업성향(t=9.97) 모두에서 통계적으로 유의미한 차이가 존재하는 것으로 나타났다. 합법파업성향에서는 민주노총(M=6.68)이 한국노총(M=6.08)보다 더 높게 나타났으며, 불법파업성향에서도 민주노총(M=5.45)이 한국노총(M=3.67)보다 파업성향이 더욱 높은 것으로 분석되었다. 민주노총도 합법파업성향(M=6.68)과 불법파업성향(M=5.45) 간에 유의적인 차이가 있기는 하지만, 한국노총의 경우에 합법파업성향(M=6.08)에 비하여 불법파업성향(M=3.67)은 큰 차이로 평균값이 낮게 나타나고 있는 것을 볼 때, 한국노총은 합법적 테두리 내에서의 파업참여의사가 강하고 민주노총은 불법도 감수하고 파업에 참여하려는 의사가 강하다고 할 수 있다. 이러한 분석결과는 민주노총이 한국노총에 비하여 투쟁적이고 전투적이라는 실무계의 인식과 주장을 증명해 주는 것이다.

〈표 4-18〉 소속노총에 따른 파업성향별 t 검증

| 변 인 | 민주노총 | | 한국노총 | | t | p |
|---|---|---|---|---|---|---|
| | 평균 | 표준편차 | 평균 | 표준편차 | | |
| 합법파업성향 | 6.68 | 0.65 | 6.08 | 1.16 | 5.86*** | .000 |
| 불법파업성향 | 5.45 | 1.51 | 3.67 | 1.84 | 9.97*** | .000 |

*** p 〈 .001

139

왜 민주노총이 한국노총에 비하여 파업성향이 높은지에 대해서 본 논문에서는 연구하지 않아 차후 연구가 필요하지만, 한국노총의 어용화에 대한 반동으로 민주노조운동이 일어나 민주노총이 설립되게 된 점, 이병훈 등(2001)의 연구에서 밝혀진 바와 같이 한국노총에 비하여 상대적으로 낮은 연령, 학생운동경력 보유, 높은 학력수준 등과 같은 개인적 특성의 차이, 이념적인 정치학습경험,22) 그리고 민주노동당과의 교류 및 활발한 정치참여 등 여러 가지 요인이 한국노총과 민주노총 간에 파업성향에 있어 유의적 차이를 나타내주는 요인이라고 추정해 볼 수 있을 것이다.

---

22) 이성희(1997)는 노조위원장들을 대상으로 한 연구에서 '이념적인 정치학습을 어느 정도 이상 받았다고 응답한 비율(이념써클활동 포함)'이 한국노총 소속 노조위원장은 23.93%이지만 민주노총 소속 노조위원장은 52.63%였다는 결과를 토대로 민주노총 소속 노조위원장들이 정치학습경험이 한국노총 소속 위원장들에 비하여 상대적으로 높았으며, 이러한 이념적인 정치학습이 노조위원장들의 투쟁지향성과 간접적인 관계가 있다고 주장하고 있음.

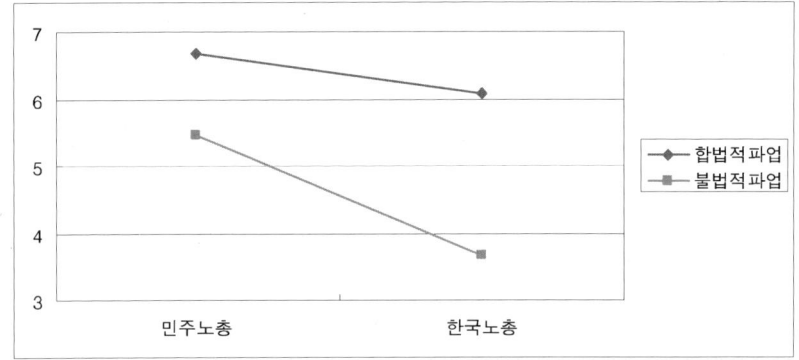

〈그림 4-7〉 소속노총에 따른 파업성향별 차이

## 3. 소속노총에 따른 일반적 특성별 차이분석

소속노총에 따른 인구통계학적 변수와 일반적인 특성변수에 차이를 알아보기 위해 $x^2$(카이제곱)검정을 실시하여 그 차이의 정도를 통계학적으로 분석해 보았다.

### 1) 소속노총에 따른 인구통계적 특성별 차이분석

소속노총에 따른 인구통계적 특성에 차이가 있는지를 알아보기 위한 교차분석을 실시하였다. <표 4-19>에 나타난 바와 같이, 나이($x^2$=9.44), 학력($x^2$=7.86), 연봉($x^2$=11.35)에서만 소속노총별로 유의한 통계적 차이가 나타났으며, 성별, 결혼 여부, 근무연수에서는 유의수준($a$) 0.05하에서 통계적으로 유의한 차이가 존재하지 않는다고 나타났다. 나이의 경우에 한국노총이나 민주노총 모두 31-40세가 대부분을 차지하고 있었으며, 학력의 경우 두 노총 모두 고졸 이하가 절대다수를 차지하고 있지만 전문대졸의 경우에 있어서 한국노총은 24.05%로 민주노총의 13.30%에 비하여 높게 나타났다. 연봉의 경우에 있어서, 3,600만 원이 다수(한국노총 44.93%, 민주노총 45.70%) 차지하고 있는 가운데 한국노총은 4,200만 원 미만이 25.94%를 차지했고 민주노총은 2,400만 원 미만이 23.98%를 차지하고 있어 대체적으로 한국노총 소속 노조간부들의 임금수준이 높다고 할 수 있다.

141

〈표 4-19〉 소속노총에 따른 인구통계학적 변수의 차이검증

빈도(%)

| 구 분 | | 소속노총 | | 총 합 | $x^2$(df) |
| --- | --- | --- | --- | --- | --- |
| | | 민주노총 | 한국노총 | | |
| 성 별 | 여 성 | 15(6.82) | 18(11.32) | 33 | 2.35(1) |
| | 남 성 | 205(93.18) | 141(88.68) | 346 | |
| 결혼 여부 | 기 혼 | 148(76.28) | 107(78.67) | 255 | 0.25(1) |
| | 미 혼 | 46(23.72) | 29(21.33) | 75 | |
| 나 이 | 21-30세 | 46(21.90) | 40(25.47) | 86 | |
| | 31-40세 | 146(69.52) | 115(73.24) | 261 | 9.44**(2) |
| | 41세 이상 | 18(8.57) | 2(1.27) | 20 | |
| 학 력 | 고 졸 | 183(83.94) | 114(72.15) | 297 | |
| | 전문대졸 | 29(13.30) | 38(24.05) | 67 | 7.86*(2) |
| | 대졸 이상 | 6(2.75) | 6(3.79) | 12 | |

| 구 분 | | 소속노총 | | 총합 | $x^2$(df) |
| | | 민주노총 | 한국노총 | | |
|---|---|---|---|---|---|
| 연 봉 | 2,400만 원 미만 | 53(23.98) | 29(18.35) | 82 | |
| | 3,600만 원 미만 | 101(45.70) | 71(44.93) | 172 | |
| | 4,200만 원 미만 | 38(17.19) | 41(25.94) | 79 | 11.35*(4) |
| | 4,800만 원 미만 | 24(10.85) | 8(5.06) | 32 | |
| | 4,800만 원 이상 | 5(2.26) | 9(5.69) | 14 | |
| 근무연수 | 1년 미만 | 1(0.45) | 2(1.26) | 3 | |
| | 1-2년 | 4(1.81) | 2(1.26) | 6 | 3.60(3) |
| | 3-4년 | 23(10.45) | 9(5.69) | 32 | |
| | 5년 이상 | 192(87.27) | 145(91.77) | 337 | |

\* p〈.05 \*\* p〈.01

142

### 2) 소속노총에 따른 일반적 변수별 차이분석

소속노총에 따른 일반적 변수의 교차분석 결과는 <표 4-20>과 같다. <표 4-20>에서 조합 내 위치($x^2$=23.09), 전임 여부($x^2$=13.34), 조합원 수($x^2$=19.68), 파업참여 경험($x^2$=71.25), 조직 형태($x^2$=123.05)에서는 소속노총에 따라 통계적으로 유의미한 차이가 존재한다고 나타났으며, 보임방법($x^2$=2.58)은 유의미한 차이가 없다고 볼 수 있다.

**〈표 4-20〉 소속노총에 따른 일반적 변수의 차이검증**

빈도(%)

| 구 분 | | 소속노총 | | 총합 | $x^2$(df) |
| | | 민주노총 | 한국노총 | | |
|---|---|---|---|---|---|
| 조합 내 위치 | 위원장 | 16( 7.27) | 5( 3.14) | 21 | |
| | 임 원 | 57(25.90) | 24(15.09) | 81 | |
| | 대의원 | 58(26.36) | 65(40.88) | 123 | 23.09\*\*\*(4) |
| | 상집간부 | 85(38.63) | 52(32.70) | 137 | |
| | 기 타 | 4( 1.18) | 13( 8.17) | 17 | |

| 구 분 | | 소속노총 | | 총합 | $x^2(df)$ |
| | | 민주노총 | 한국노총 | | |
|---|---|---|---|---|---|
| 보임방법 | 조합원 선거 | 126(58.87) | 104(67.09) | 230 | 2.58(1) |
| | 노조위원장 임명 | 88(41.13) | 51(32.91) | 139 | |
| 전임 여부 | 전 임 | 92(43.39) | 50(33.11) | 142 | $13.34^{**}(2)$ |
| | 비전임 | 102(48.11) | 98(64.90) | 200 | |
| | 일부전임 | 18( 8.49) | 3( 1.98) | 21 | |
| 조합원 수 | 100명 이하 | 15( 6.78) | 14( 8.80) | 29 | $19.68^{**}(5)$ |
| | 100-500명 미만 | 85(38.46) | 49(30.81) | 134 | |
| | 500-1000명 미만 | 48(21.71) | 17(10.69) | 65 | |
| | 1000-1500명 미만 | 35(18.83) | 25(15.72) | 60 | |
| | 1500-2000명 미만 | 5( 2.26) | 5( 3.14) | 10 | |
| | 2000명 이상 | 33(14.93) | 49(30.81) | 82 | |
| 파업참여 경험 | 있 음 | 193(87.33) | 73(47.09) | 266 | $71.25^{***}(1)$ |
| | 없 음 | 28(12.67) | 82(52.91) | 110 | |
| 조직 형태 | 기업별 노조 | 87(39.54) | 150(85.54) | 237 | $123.05^{***}(1)$ |
| | 산업별 노조 | 133(60.46) | 7( 4.46) | 144 | |

** p < .01 *** p < .001

143

조합 내 위치로 민주노총이 '위원장', '임원', '상집간부'가 한국노총에 비해 더 많이 나타나고 있다. 전임 여부는 민주노총이 '전임', '일부전임'이 한국노총에 비해 더 높게 나타났다. 파업참여 경험에 있어서 '있음'에 응답한 사람들도 민주노총이 더 높게 나타났다. 조직 형태로는 '기업별 노조'는 한국노총이, '산업별 노조'는 민주노총의 경우가 더 높게 응답한 것으로 나타났지만, 한국노총의 기업별 노조에 대한 응답은 한국노총 금속연맹 소속노조의 경우 산업별 노조가 없는데도 7명이 응답한 것은 응답자의 착오라 할 수 있다.

그 외 성별, 결혼 여부·노조간부 보임방법·파업참여 경험·노조조직 형태·연령·학력·연봉·근무연수·조합 내 위치·전임 여부·조합원 수 등에 따른 독립변수와 종속변수의 차이분석 결과는 <부록 2>에 첨부되어 있는데, 독립변수와 종속변수에 대하여 유의한 차이를 나타내는 항목을 정리하면 <표 4-21>와 같다.

144

### 〈표 4-21〉 각 변수에 따른 차이분석 결과 요약

| 구 분 | 유의적 차이항목 | 결과(평균이 높은 항목) |
|---|---|---|
| 임금불만족 | 성 별 | 남 성 |
| | 노조간부 보임방법 | 노조위원장이 임명 |
| | 파업참여 경험 | 있 음 |
| | 노조조직 형태 | 산별노조 |
| | 노사관계 전략 | 노조지배전략 |
| | 연 봉 | 2,400만 원 미만 |
| 복지후생불만족 | 노조간부 보임방법 | 노조위원장이 임명 |
| | 파업참여 경험 | 있 음 |
| | 노조조직 형태 | 산별노조 |
| | 노사관계 전략 | 노조지배전략 |
| | 연 봉 | 2,400만 원 미만 |
| | 근무연수 | 1년 이상 전부 |
| | 조합원 수 | 1,500~2,000명 미만 |
| 인사제도불만족 | 조합 내 위치 | 위원장, 상집간부 |
| | 노조간부 보임방법 | 노조위원장이 임명 |
| | 파업참여 경험 | 있 음 |
| | 노조조직 형태 | 산별노조 |
| | 노사관계 전략 | 노조지배전략 |
| | 연 령 | 40대 이상 |
| | 연 봉 | 4,800만 원 미만 전부 |
| | 조합 내 위치 | 위원장, 임원, 상집간부, 대의원 |
| | 전임 여부 | 일부전임 |
| 노사협의회불만족 | 파업참여 경험 | 있음 |
| | 노사관계 전략 | 노조지배전략 |
| | 연령 | 40대 이상 |
| | 학력 | 고졸 |
| | 연봉 | 4,800만 원 미만 전부 |
| | 조합원 수 | 1,500~2,000명 미만 |

| 구 분 | 유의적 차이항목 | 결과(평균이 높은 항목) |
|---|---|---|
| 집단주의 | 성별 | 남성 |
| | 결혼 여부 | 미혼 |
| | 파업참여 경험 | 있음 |
| | 연령 | 40대 이상 |
| | 조합 내 위치 | 위원장, 임원, 상집간부, 대의원 |
| | 전임 여부 | 전임, 일부전임 |
| | 조합원 수 | 1,500~2,000명 미만 |
| 노조몰입 | 성별 | 남성 |
| | 보임방법 | 위원장이 임명 |
| | 연봉 | 3,600만 원 이상 모두 |
| | 조합 내 위치 | 위원장 |
| | 전임 여부 | 전임, 일부전임 |
| | 조합원 수 | 1,500~2,000명 미만 |
| 조직몰입 | 연봉 | 4,800만 원 이상 |
| | 조합 내 위치 | 위원장, 임원 |
| | 전임 여부 | 전임 |
| | 조합원 수 | 1,500~2,000명 미만 |
| 합법파업성향 | 보임방법 | 위원장이 임명 |
| | 파업참여 경험 | 있음 |
| | 노조조직 형태 | 산업별 노조 |
| | 노사관계 전략 | 노조지배전략 |
| | 조합 내 위치 | 위원장, 임원, 상집간부 |
| | 전임 여부 | 전임, 일부전임 |
| 불법파업성향 | 보임방법 | 위원장이 임명 |
| | 파업참여 경험 | 있음 |
| | 노조조직 형태 | 산업별 노조 |
| | 노사관계 전략 | 노조지배전략 |
| | 조합 내 위치 | 위원장, 임원, 상집간부 |
| | 전임 여부 | 전임, 일부전임 |
| | 조합원 수 | 2,000명 이상, 1,000~1,500명 미만 |

# 제 5 장 결 론

# 제1절 연구결과의 요약 및 시사점

## 1. 연구결과의 요약

21세기는 국경이 없는 무한경쟁시대이다. 이러한 무한경쟁시대에 있어서 기업은 경쟁우위를 확보하여야만 영속기업으로서 존속할 수 있는 것이다. 따라서 기업이 경쟁우위를 확보하여 존속·발전하기 위해서는 노사 간의 협력이 특히 필요하다 할 것이다. 그런데 한국의 현실은 어떠한가? 산업현장에서 매년 발생하는 파업으로 인해 기업과 국민은 불안해하고 노사관계에 있어서 한국의 이미지는 나빠지고 있다. 이로 인해 외국의 투자가들은 한국의 전투적인 노동조합 때문에 투자를 꺼리고 있다(매경, 2004). 심지어는 대통령도 전투적인 노조가 강성하다고 인정할 정도이다(연합뉴스, 2004).

내셔널센터(national center)로써 두 개의 노총이 존재하는 상황하에서 파업발생건수에 있어서 민주노총이 한국노총에 비하여 현저히 높음은 물론, 그 강도에 있어서도 더욱 세다 할 것이다. 2003년 노사분규과정에서 자살한 노동조합원들은 모두 민주노총 소속이었다는 공통점이 있다. 이에 따라 기업의 경영자나 노무담당자는 민주노총이 한국노총에 비하여 투쟁적이고 전투적이라고 말하고 있다.

따라서 이러한 노동조합의 전투성, 즉 파업성향의 원인이 무엇인지를 밝힌다면 대립적 노사관계를 극복하고 협력적 노사관계로 나아갈 수 있는 단초가 될 수 있을 것이고, 이로 인해 국가의 이미지 제고는 물론 기업의 경쟁력 강화에도 도움이 된다고 생각한다.

이 같은 문제의식하에, 파업성향의 결정요인이 무엇인지, 그리고 소속노총의 조절효과는 어떠한지를 살펴보고자 하였다. 파업성향의 결정요인으로 기존의 연구에서 밝혀진 불만족 변수나 몰입변수 외에 개인이 가지고 있는 집단주의 가치관을 독립변수로 설정하였다. 이는 집단주의의 특징인 외집단에 대한 배타성을 근거로 하였다. 즉 집단주의적 문화에서는 내집단에 대해서는 친밀감을 가지고 호의적이지만 외집단에 대단히 배타적인 경향을 보이고 있기 때문에, 노동조합간부들은 노동조합을 내집단으로 보고 교섭상대방인 사용자를 외집단으로 본다고 추론할 수 있겠다. 따라서 외집단인 사용자에 대하여 배타적이기 때문에 집단주의는 파업성향에 영향을 미칠 수 있을 것으로 추정되어 독립변수로 채택하였다. 또한 양 노총의 이념, 설립배경, 파업발생건수 등으로 볼 때, 민주노총과 한국노총 간에 파업성향에 있어서 차이가 있을 것으로 추정되고 있는데, 이러한 사실은 소속노총이 파업성향에 대해서 조절효과를 가지고 있을 수 있음을 보여주는 것이라 할 수 있다. 따라서 소속노총을 조절변수 채택하였다.

한편, 파업성향에 관한 기존의 연구들은 주로 일반 조합원을 연구대상으로 하였다. 이는 노동조합이라는 조직도 여느 조직과 마찬가지로 의사결정에 참여하는 소수의 간부에 의해서 이끌려지고 있는 점을 볼 때, 일반 조합원을 대상으로 한 파업성향 연구보다 조합간부를 대상으로 한 연구가 더욱더 실제의 파업발생을 잘 설명해 준다 할 것이다. 따라서 본 연구에서는 노동조합 간부를 대상으로 하였다.

이 같은 목적에 따라 한국노총 산하 금속노련과 민주노총 산하 금속연맹 소속 단위노조의 노조간부들로부터 얻어진 설문지 430부 중 불성실하게 응답한 50부를 제외한 380부를 SPSS 12.0을 사용하여 분석하였다.

연구결과, 첫째, 불만족 변수 중 인사제도에 대한 불만족은 합법파업성향에 유의한 정(+)의 영향을 미치는 것으로 나타났으며, 임금·복지후생·인사제도에 대한 불만족은 불법파업성향에 유의한 영향을 미치는 것으로 나타났다.

둘째, 조직몰입은 합법파업성향과 불법파업성향 모두에 영향을 미치지 못하는 것으로 나타났지만, 노조몰입은 합법파업성향과 불법파업성향 모두에 유의한 정(+)의 영향을 미치는 것으로 나타났다.

셋째, 노조간부의 집단주의 가치는 합법파업성향과 불법파업성향에 유의한 정(+)의 영향을 미치는 것으로 나타났다.

넷째, 독립변수가 종속변수인 파업성향에 영향을 미치는 데 있어서 소속노총은 조절효과를 미치고 있는 것으로 나타났는데, 합법파업성향에는 복지후생에 대한 불만족, 인사제도에 대한 불만족, 노조몰입이 소속노총에 의해 조절되는 것으로 나타났으며 불법파업성향에는 복지후생에 대한 불만족과 노사협의회에 대한 불만족이 소속노총에 의해서 조절되는 것으로 나타났다. 전체적으로 민주노총 소속 노조간부의 파업성향이 한국노총 소속 노조간부에 비하여 파업성향이 높게 나타났다. 또한, 불만족이 높은 집단이 낮은 집단에 비하여 파업성향이 높게 나타났지만, 대체로, 불만족이 높아질수록 민주노총보다는 한국노총 소속 노조간부의 파업성향이 급격히 높아지는 결과들이 나타나고 있었다. 마찬가지로, 노조몰입의 경우에 있어서도 전체적으로 합법파업성향이 민주노총 소속 노조간부가 한국노총 소속 노조간부에 비하여 높았으며, 몰입수준이 높아짐에 따라서 합법파업성향은 높아지는 것으로 나타났지만, 민주노총 소속 노조간부에 비하여 한국노총 소속 노조간부의 합

151

법파업성향이 급격히 높아지는 것으로 나타났다. 따라서 소속노총의 조절효과는 주로 한국노총에 의해서 나타나고 있었다.

## 2. 연구의 시사점

이상의 연구결과들을 볼 때 본 연구는 다음과 같은 시사점을 갖는다.

첫째, 기존의 파업 연구가 주로 거시적 수준에서 이루어져 왔으며, 미시적 수준이라 하더라도 일반근로자를 대상으로 한 연구에 집중되어 있음에 반해 본 연구는 미시적 수준에서의 연구이며, 연구대상에 있어서도 개별 기업의 노사관계에 있어서 노동조합의 지도자적 위치에 있으며, 의사결정의 당사자들이라 할 수 있는 노조간부들을 대상으로 했다는 점에서 의의를 지닌다.

둘째, 집단주의가 파업성향의 결정요인이라는 사실을 밝혀 낸 점이다. 특히 집단주의는 파업성향에 정(+)의 영향을 미치고 있다는 사실은 의미 있는 발견이다.

셋째, 한국노총과 민주노총 등 소속노총은 종속변수인 파업성향의 결정요인임은 물론 독립변수가 파업성향에 영향을 미치는 데 있어서 조절효과를 가지고 있는 조절변수라는 사실을 발견한 점은 큰 의의가 있다 할 것이다. 산업현장에서 민주노총이 한국노총에 비하여 파업성향이 높다고 이야기하지만 실증적 연구를 통해 소속노총의 파업성향에 대한 직접효과나 조절효과를 밝혀낸 점은 없었다.

실무적인 측면에서 볼 때에 다음과 같은 시사점을 갖는다.

첫째, 불만족 요인(임금, 복지후생, 인사제도)이 불법파업성향에 유의한 영향을 미친다는 사실은 불법파업을 해서라도 불만족 요인을 해소하고자 한다는 것으로 불만족 해소 없이 노사 파트너십이 쉽지 않음을 시사해 준다 할 것이다.

153

둘째, 소속노총이 파업성향의 조절변수라는 사실은 우리나라 노사관계를 협조적 관계로 만드느냐 전투적인 대립관계로 만드느냐에 있어서 양 노총이 중요한 역할을 하고 있다는 점을 시사해 준다 할 것이다. 따라서 내셔널센터로서의 양 노총이 노사정대타협과 같은 사회적 합의가 실효성이 있을 수 있다는 것을 암시해 준다고 할 것이다. 또한, 한국노총의 조절효과가 강했다는 점은, 한국노총 소속 회사의 경영자들이 복지수준을 높이고 인사제도에 대한 공정정과 합리성을 담보하여 노조 간부의 불만족 상태를 낮춘다면, 파업발생가능성을 낮출 수 있다는 점을 시사해 준다 할 것이다.

셋째, 노조몰입이 파업성향에 정(+)의 영향을 미치고 있다는 사실은 노동조합이 평소 조합원이 노동조합에 몰입할 수 있도록 여러 가지 활동을 해야 할 필요가 있음을 시사해 준다고 할 것인데, 노동조합에서 조합원 및 간부들을 대상으로 하고 있는 조합원 교육이나 각종 행사(워크샵, 수련회, 산행, 봉사활동, 체육대회, 불우이웃돕기활동, 율동패 운영 등) 등은 노동조합에 몰입을 시킬 수 있는 좋은 기회라 생각된다. 따라서 노동조합 간부는 이러한 교육이나 행사를 노조몰입의 계기로 삼는 것이 필요하다 할 것이다.

넷째, 불법파업성향에 있어서도 평균값이 7점 척도에서 4.70으로 나타나 7점 척도의 중간 값 이상의 결과를 보여주고 있다. 특히 민주노총의 경우에 있어서는 5.45로 나타나고 있다. 이러한 사실은 노조간부들이 법테두리를 벗어난 파업이라도 두려워하지 않는다는 사실을 말해주는 것이다. 이는 정부가 노사관계정책을 추진하는 데 있어서 노조간부의 이러한 태도를 바꾸는 방향으로 정책이 추진되어야 한다는 사실을 시사해 준다 할 것이다. 마찬가지로 기업에 있어서도 법과 원칙에 따른 노무관리를 해야 할 필요성을 제기해 준다.

다섯째, 집단주의는 파업성향에 정(+)의 영향을 미치는 것으로 나타 났으며, 7점 척도에서 5.31의 평균을 기록하고 있는 점으로 보아 노조 간부들은 집단중심주의자라고 일컬을 수 있다. 집단중심주의자의 특징 인 평균적 배분과 관련하여 볼 때, 회사는 노동조합과의 단체교섭이나 임금교섭 시에 연봉제 도입이라든가 차등임금인상과 같은 성과에 따른 보상 제도를 도입하는 것이 쉽지 않음을 시사해 준다 할 것이다.

마지막으로 이상의 결과들을 종합하여 협력적 노사관계구축을 위한 제언을 하고자 한다. 우선, 무엇보다도 노사 간의 신뢰회복이 가장 중 요하다 할 것이다. 모든 인간관계에서와 마찬가지로 노사관계에서도 노 사 간 신뢰의 회복 없이는 어떠한 협력적 노사관계, 가치 창조적 노사 관계, 상생의 노사관계는 불가능하다. <표 2-2>에 나타난 바와 같이 노 조간부들이 자신들의 사용자가 노조지배전략을 행사하고 있다고 인식 하는 비율이 42.81%로 나타났다는 점은 노사 간에 신뢰가 형성되지 않 았다는 것을 나타내 주고 있는 것이라 할 것이다. 깨어진 신뢰에 대한 책임이 어느 일방에 있는 것은 아니므로 사용자는 노조를 경영의 파트 너로 인식하고 회사 경영사항에 대하여 노사협의회 등을 통해서 알려 주고 대화하여야 할 것이다. 즉 투명경영을 해야 한다. 또한 노동조합 도 투쟁 일변도에서 벗어나 '회사의 성장 없이 고용보장과 근로조건 향상 없다'는 생각으로 사용자와 협력하여야 할 것이다. 투쟁이라는 구 호 대신 '상생'이나 '협력'이라는 구호로 바꾸어야 할 것이다. 또한 투 쟁의 상징처럼 되어 버린 빨간 조끼와 빨간 머리띠도 이제는 벗어 버 리고 신뢰구축에 합심해야 할 것이다.

다음으로, 법과 원칙에 따른 대처이다. 노사관계는 법과 원칙에 따라 서 처리되어야 한다. 법과 원칙이 무시될 때 협력적 노사관계는 요원하며 한국의 미래는 없다고 생각한다. 그동안 정부는 불법파업에 대하여 법과 원칙에 따라 처리하겠다고 공언하였지만 실상은 그렇지 못한 것 같다. 사용자도 불법파업에 대해 무노동 무임금, 회사규칙에 따른 징계 조치, 및 민형사상 고소·고발 등 법과 원칙에 따른 처리를 해야 함에도 불구하고 파업사태를 해결하면서 민·형사상 문제를 삼지 않겠다고 합 의하는 것이 일반적이었으며 심지어는 법으로 보장한 무노동 무임금 원 칙23)에 대해서도 생산 장려금이나 위로금 명목으로 파업기간 동안의 임 금손실에 대하여 보전해 주고 있는 경우가 많았다. 물론, 이러한 현상이 전부는 아닐지라도, 불법파업을 하더라도 민형사상 책임도 없고 임금손 실도 없으며 직장에서 해고될 위험성도 없다면 누군들 불법파업에 참여 할 의사가 없겠는가? 복지후생에 대한 불만족과 인사제도에 대한 불만 족이 불법파업성향에 정(+)의 영향을 미치고 있는 사실과 민주노총 소 속 노조간부의 불법파업성향에 대한 평균이 7점 척도에서 5.45(표준편 자 1.51)라는 결과를 볼 때, 불법을 감수하고서라도 파업에 참가할 의사 를 가지고 있다는 사실을 말해 주는 것이다. 이러한 점은 그동안 한국의 노사관계가 법과 원칙에 따라 처리되지 못했기 때문이라 생각된다. 따라 서 예외 없이 법과 원칙에 따라 노사관계를 처리하여 법과 원칙이 준수 되는 노사관계를 확립해야만 협력적 노사관계 구축을 위한 기초가 다져진 다 할 것이다. 2004년 11월 30일에 발표된 LG칼텍스정유의 불법파업 가 담자에 대한 징계통보조치에 대해 합리적 노사관계 정립의 이정표가 되 었다는 언론의 평가(머니투데이, 2004.11.30.)는 그동안 한국의 노사관계 가 법과 원칙에 따라서 처리되지 못했음을 반증하는 결과라 할 것이다.

끝으로, 양 노총의 통합이다. 하나의 노총만이 있어야 되는 것은 아

155

---

23) 노동조합및노동관계조정법 제44조에서 쟁의행위에 참가하여 근로를 제공하지 아니
한 근로자에 대하여 그 기간 중의 임금을 지급할 의무가 없고, 노동조합은 그 쟁의
행위 기간에 대한 임금지급을 요구하여 이를 관철할 목적으로 쟁의행위를 하여서는
아니 된다고 규정하고 있음.

니지만, 내셔널 센터(national center)로 2개의 노총이 있는 것은 협력적
노사관계 발전에 전혀 도움이 되지 않는다고 생각한다. 2개의 노총은
서로간이 선명성 경쟁을 통한 노동기본권 신장이라는 순기능적 요소들
도 많이 있지만, 노·사·정 간의 대화의 어려움, 두 노총 조직 간의
갈등 및 경쟁으로 인해 초래되는 많은 문제점을 유발한다. <표 4-18>
과 <그림 4-7>에서 보는 바와 같이 민주노총 소속 노조간부가 한국노
총 소속 노조간부에 비하여 파업성향에 있어서 유의적인 차이를 보이
며 높게 나타나고 있는 점은 복수노조로 인한 경쟁과 차별화의 결과라
생각된다. 법과 원칙에 따른 노사관계가 성숙되지 않고 있는 상황하에
서 복수노조가 허용되면, 한 기업 내 한국노총 소속 노동조합과 민주노
총 소속 노동조합이 설립되는 결과가 나타날 수 있고, 이 경우 양 노
총간의 갈등 및 그로 인한 엄청난 노사관계 혼란이 예상된다. 노사관계
에 관해서 학문적으로뿐만 아니라 실무적으로 경험한 본 연구자로서는
이러한 상황이 심히 염려된다. 정부도 이같은 인식에 따라, 2007년부터
허용되기로 되었던 개별기업내에서의 복수노조 설립을 또다시 3년간
유예한 것이 아닌가 생각된다.[24]


## 제2절 연구의 한계 및 향후 연구방향


위와 같은 시사점에도 불구하고 본 논문은 몇 가지 한계를 지니고

---

24) 노동조합 및 노동관계조정법 부칙 제5조에 의해 사업장 단위에 있어서 2006. 12. 31.
까지 복수노조의 설립이 금지되어 있었던 조항을 2006년 9월 11일 정부와 한국노총 그
리고 경총간에 '복수노조 3년유예'에 대해 합의 함으로써 또다시 2009년 12월 31일까
지 개발기업내 복수노조 설립이 유예되었다(노동조합 및 노동관계조정법 부칙 제1조).

있는바 연구의 한계와 향후 연구방향을 언급하면 다음과 같다.

첫째, 연구 설계상의 한계점이다. 파업성향에 영향을 미치는 요인은 무수히 많음에도 본 연구에서는 파업성향의 결정요인을 불만족 변수, 몰입변수 및 집단주의로 압축하였다. 그러나 본 연구에서 선택한 세 가지 요인만이 파업성향의 결정요인은 아니라는 연구 설계상의 한계점을 지니고 있다. 향후 연구에서는 더 많은 변수나 다른 변수를 채택하여 연구할 필요성이 있다.

157

둘째, 본 연구의 연구방법이 설문조사에 의한 방법을 사용하고 있기 때문에, 전적으로 주관적인 자기기입(self-reporting)에 의한 설문자료로서 주관적인 평가치가 응답자의 실질적인 지각수준을 정확히 반영하고 있다는 보장이 없다. 따라서 면접이라든가 실험 및 사례연구 등과 같은 객관적인 자료를 활용한 질적 연구방법을 병행하는 것이 좋을 것이며, 종단적 연구라든가 동일한 모형을 여러 번 실시한 결과의 누적으로부터 좀 더 유용한 결론이 도출될 수 있을 것이다. 또한, 표본의 선정에 있어서, 제반 상황이 비슷한 양 노총의 금속산업을 대상으로 하였다. 즉 한국노총 금속노련 산하 노동조합과 민주노총 금속연맹 산하 노동조합을 선정하였다. 이로 인해 연구결과의 일반화에 약간의 무리가 있을 수도 있다.

셋째, 본 연구에서 소속노총이 파업성향에 조절효과를 보이고 있다는 사실은 밝혀냈지만 왜 그런 차이가 있는지에 대해서 그 이유를 밝혀내지 못한 점을 한계점으로 지적할 수 있다. 따라서 향후의 연구는 이러한 한계점을 극복하는 방향으로 접근되어야 할 것이다.

넷째, 제조업과 비제조업으로 나누어 노동조합의 전투성 차이를 확인한 Blanchflower & Cubbin(1986)의 연구결과처럼 업종별로 파업성향에 상당한 차이를 보일 것이다. 따라서 향우에는 동일한 업종의 양대 노총을 비교할 뿐만 아니라 이업종간의 비교도 추가적으로 이루어져야 할 것이다.

# 참고문헌

## Ⅰ. 국내문헌

강순희, 한국의 노동운동 - 1987년 이후 10년간의 변화, 한국노동연구원, (1998), p.50.

그들만의 노동운동 함께 사는 노동운동 上, 대기업 강성노조 연례행사처럼 파업, 중앙일보, 2004. 11. 26.

조영대 · 김광근, "호텔종사원의 노조몰입에 관한 실증적 연구", 관광연구, 제14집, (1999), pp.213-228.

김금수, 한국 노사관계의 구조적 특성, 문학과 지성사, (1985), p.184.

김기석 · 성영신 · 김철민, "노조가치관 및 직무만족이 노조몰입에 미치는 영향", 한국심리학회지: 산업 및 조직, 제2권 1호, (1989), pp.14-43.

김성진, 노동경제론, 법문사, 1973), p.99.

김윤환 · 김낙중, 한국노동운동사, 일조각, (1990), p.126.

김의철, "한국기업문화의 이해와 발전방향, 인재개발연구", 제2권 1호, LG경영개발원, (1998), pp.68-101.

김주엽, "개인주의와 집단주의: 재검토", 연세경영연구, 41권 1호, (2004), pp.171-186.

김형배, 노동법, 박영사, (1997), p.474.

노대통령, "전투적 노조 고립상태 수준", 연합뉴스, 2004. 12. 03.

문옥륜 · 이기효, "병원근로자의 파업성향과 관련요인", 사회보장연구, (1991), pp.53-87.

박상필, 한국노동법, 대왕사, (1981), pp.130-132.

박세일, 한국노동운동의 발전단계, 한국노동운동이념연구, 한국노동연구원, (1991), p.28.

배무기, 노동경제학, 경문사, (1995), p.398.

송하식 · 이덕로 · 김주엽, "조직문화가 연봉제 수용도에 미치는 영향", 인사관리연구, (2002), p.26.

엘지정유, 파업노조원 징계통보, 한계례, 2004. 11. 30.

엘지정유, 합리적 노사관계 이정표 정립, 머니투데이, 2004. 11. 30.

원칙 없이 노조에 끌려 다녀, 매일경제, 2004. 7. 20.

윤진호, "한국노총과 전노협 조합원의 의식비교연구 - 정치의식과 노사관계의식을 중심으로", 노동경제논집 제16권, (1993), pp.207-229.

윤찬성, 사용자의 노사관계에 대한 인식연구, 고려대학교 석사학위논문, (1998), p.9.

이규창, "한국노동운동의 전개와 과제", 한국 노사관계학회 추계학술발표대회 발표논문, (2001), p.26.

이병훈·노광표·오건호·인수범, 노동조합 상근간부의 형성전략, 노동사회연구소, (2001a), p.17.

이병훈·노광표·오건호·인수범, 우리나라 상급 노동조합 상근간부 연구 - 상근간부의 특성을 중심으로, 노동사회, (2001b).

이성희, 노동조합위원장의 노조활동성향과 상급단체별 차이에 대한 실증 연구, 고려대학교 노동대학원 석사논문, (1997), pp.29-30.

이유재, "상호작용효과를 포함한 다중회귀분석에서 주 효과의 검증에 관한 연구", 경영학연구, 제23권 4호, (1994), pp.183-220.

이준범, 현대노사관계론, 박영사, (1994), pp.245-249.

이태진·조윤형·조영배, "개인주의 - 집단주의 성향과 노사관계에 대한 태도에 관한 연구", 산업관계연구, 제12권 1호, (2003).

임금연구, 1994년 봄호, 노동경제연구원, (1994).

장세진, 글로벌경쟁시대의 경영전략, 박영사, (1999), p.9.

정필선, 보상불만족이 파업성향에 미치는 영향에 관한 연구, 서울대학교 석사학위논문, (1995).

최근 5년간 노사분규 현황분석자료, 노동부, (2004).

최정욱, 생산직근로자의 파업성향에 관한 연구, 서울대학교 석사학위논문, (1991).

최종태, 전략적 노사관계론, 경문사, (1999), pp.112-125.

카프로 노사 임단협 잠정합의, 한겨레, 2004. 11. 24.

한국노동조합총연맹, 한국노동조합운동사, (1979), p.270.

한국은 노조공화국인가, 매일경제신문, 2002. 11. 26.

황지성, 개인주의와 집단주의에 관한 교차문화적 비교연구, 연세대학교 교육대학원 석사학위논문, (1992).

# II. 외국문헌

Aboed, J. M and Tracy, J. S., *Market Structure, Strike Activity, and Union Wage Settlements,* NBER Working Paper, No.2925, (1985).

Allike, J. and Realo, A., "Individualism−Collectivism and Social Capital," *Journal of Cross−Cultural Psychology,* Vol.35, (2004), pp.29−49.

Allutto, J. A. and Belasco, J. A., "Determinants of Attitudinal Militancy among Nurses and Teachers," *Industrial and Labor Relations Review,* Vol.27, (1974), pp.216−227.

Anastasi, A., *Psychological Testing,* New York, NY: MacMillian, (1988).

Arnold, H., "Moderator Variables: A Clearification of Conceptual Analystical and Psychometric Issues," *Organizational Behavior and Human Performance,* Vol.29, (1982), pp.143−172.

Ashenfelter, O. and Johnson, G. E., "Bargaining Theory, Trade Unions and Industrial Strikes Activity," *Academy of Management Journal,* Vol.59, (1969), p.39.

Austin, W., "Friendship and Fairness: Effects of Type of Relationship and Task Performance on Choice of Distributive Rules," *Personality and Social Psychology Bulletin,* Vol.6, (1980), pp.402−408.

Blanchflower, D. & Cubbin, J.(1986). "Strike Propensities at the British Workplace." *Oxford Bulletin of Economics and Statistics,* 48(1), pp.13-39.

Block, A. W., "Some Factors Influencing Attitudes toward Militancy Membership, Solidarity and Sactions in a Teachers' Union", *Human Relaions,* Vol.36, (1983), pp.973−986.

Bond, M. H. and Forgas, J. P., "Linking Person Perception to Behavior Intention across Cultures: The Role of Cultural Collectivism," *Journal of Cross−Cultural Psychology,* Vol.15, (1984), pp.337−352.

Bond, M. H., Leung, K. and Wan, K. C., "How does Cultural Collectivism Operate? The Impact of Task and Maintenance Contributions on Reward Distribution," *Journal of Cross−Cultural Psychology,* Vol.13, (1982), pp.186-200.

Bond, M. H. and Tornatzky, L. G., "Locus of Control in Student from Japan and the United States: Dimensions and Levels of Response," *Psychologia,* Vol.16, (1973), pp.209-213.

Card, D., "Strikes and Wages: A Test of an Asymmetric Information Model", *Quarterly Journal of Economics,* Vol.105, Aug., (1990), pp.625-660.

Chandler, A. D., *Strategy and Structure,* Cambridge: MIT Press, 1962.

Clugston, M., Howell, J. and Dorfman, P., "Does Cultural Socialization Predict Multiple Bases and Foci of Commitment?" *Journal of Management,* Vol.26, (2000), pp.5-30.

Cohen, A., "Attitudinal Militancy and Propensity to Strike Among Unionized Engineers and X-Ray Technicians," *Human Relations,* (1992), pp.1333-1366.

Cohen-Charash, Y. and Spector, P.E., "The Role of Justice on Organizations: A Meta-analysis," *Organizational Behavior and Human Decision Processes,* Vol.86, (2001), pp.1-43.

Comay, Y., Melnik, A. and Subotnik, A., "Bargaining, Yield Curves and Wage Settlements: An Empirical Analysis," *Journal of Political Economy,* Vol.82, No.2, (1974).

Cook, J. and Wall, T. D., "New Work Attitude Measures of Trust, Organizational Commitment and Personal Need Non-fulfillment," *Journal of Occupational Psychology,* Vol.53, (1980), pp.39-52.

Cooke, W. N. and Meyer, D. G., "Structural and Market Predictors of Corporate Labor Relations Strategies" *Industrial and Labor Relations Review,* Vol.43, No.2, (1990).

Cox, T. H., Loebel, S. A. and McLeod, P.I., "Effects of Ethnic Group Cultural Differences on Cooperative and Competitive Behavior in a Group Task", *Academy of Management Journal,* Vol.34, (1991), pp.827-847.

Dalton, D. E., and Todor, W. D., "Antecedents of grievance-filing behavior: Attitude / behavior constituency and union steward", *Academy of Management Journal,* Vol.25, (1982), pp.158-169.

Dalton, D. E., and Todor, W. D., "Grievances filed and the role of the union

161

steward vs. the rank and file member: An empirical test", *International Review of Applied Psychology,* Vol.30, (1981), pp.199-207.

Fields, M. W, Master, M. F. and Thacker, J. W., "Union Commitment and Membership Support for Political Action: An Exploratory Analysis", *Journal of Labor Research,* Vol.8, (1987), pp.143-157.

Fishbein, M. and Ajzen, I., *Understanding Attitudes and Predicting Social Behavior,* (1980), p.8.

Fox, W. S. and Wince, M. H., "The Structure and Determinants of Occupational Militancy among Public School Teachers," *Industrial and Labor Relations Review,* Vol.30, No.1, (1976).

Fullagar, C., and Barling, J., "A Longitudinal Test of the Antecedents and consequences of union loyalty," *Journal of Applied Psychology,* (1989), pp.213-227.

Gelfand, M. J. and Realo,A., "Individualism-collectivism and Accountability in Intergroup Negotiations," *Journal of Applied Psychology.* Vol.84, Iss., 5, (1999), p.721.

Gomez-Mejia, L.R. and Welbourne, T., Compensation Strategies in Global Context, *Human Resource Planning,* Vol.14, (1991), pp.29-41.

Gordon, M. E., Philpot, W. J., Burt, E. R., Thompson, A. C. and Spiller, E. W., "Commitment to the Union: Development of a Measure and an Examination of its Correlates," *Journal of Organization of Applied Psychology,* Vol.43, (1980), pp.479-499.

Hair, J. F., Anderson, R. E., Tatham, R. L. and Black, W. C., *Multivariate Data Analysis with Reading,* Englewood Cliffs, NJ: Prentice-Hall, (1995).

Hart, O., "Bargaining and Strikes," *Quarterly Journal of Economics,* Vol.104, Feb., (1986), pp.25-44.

Hayes, B., "Union and Strike with Asymmetric Information," *Journal of Labor Economics,* Vol.2, No.2, (1984), p.77.

Hibbs, D. Jr., "On the Political Economy of Long Run Trend in Strike Activity," *British Journal of Political Science,* Vol.8, No.2, (1978), pp.153-175.

Hicks, J. R., *The Theory of Wages,* 2nd., ed, London: MacMillan Co., (1963), p.140.

Hofer, C. W. and Schendel, D., *Strategy Formulation Analytical Concepts,* West Publishing, (1978), p.73.

Hofstede, G., *Cultures's Consequences: International Difference in Work-Related Values,* Beverly Hills, CA: Sage Publications, (1980).

Hofstede, G., *Cultures and Organizations: Software of Mind, London: McGraw-Hill,* (1991).

IMD, *World Competitiveness Yearbook,* pp.11-22, (2004).

Kennan, J., "Pareto Optimality and Economics of Strike Duration," *Journal of Labor Research,* Vol.1, (1986), p.77.

Klendermans, B., "Mobilization and Participation: Social Psychological Expansion of Resource and Mobilization Theory," *American Sociological Review,* Vol.49, 1984(a), pp.583-600,.

Klendermans, B., "Mobilization in Trade Union Action: A Value-Expectancy Approach," *Journal of Occupational Psychology,* Vol.57, (1984b), pp.107-120.

Klendermans, B., "Psychology and Trade Union Participation: Joining, Acting, Quitting," *Journal of Occupational Psychology,* Vol.59, (1986), pp.189-204.

Kochan, T. A., *Collective Bargaining and Industrial Relations.* Homewood, Ill.: Richard D. Irwin, (1980).

Korpi, W. and Shalev, I., "Strike, Industrial Relation and Class Conflict in Capitalist Societies," *British Journal of Sociology,* Vol.30, No.2, June, (1979), pp.164-187.

Kreitner R. and Kinicki A., *Organizational Behavior,* 5th edition, McGraw-Hill Co., (2001), p.227.

Maki, D. R., "The Effect of the Cost of Strikes on the Volume of Strike Activity," *Industrial and Labor Relations Review,* Vol.39, No.4, (1986), pp.552-553.

Markus H. R. and Kitayama, S., "Culture and Self: Implications for Cognition, Emotion and Motivation," *Psychological Review,* (1991), pp.224-253.

Martin, J. E., "Predictors of Individual Propensity to Strike," *Industrial and Labor Relations Review,* Vol.39, (1986), pp.214-227.

McClendon J. A. and Klaas, B., "Determinants of Strike-Related Militancy: An Analysis of a University Faculity Strike," *Industrial and Labor Relations*

163

*Review,* Vol.46, (1993), pp.560-573.

Michael, H. M., "Fostering Corporate Enterpreneurship: Cross-Cultural Comparisons of the Importance of Individualism versus Collectivism," *Journal of International Business Studies,* First Quarter, (1994), p.68.

Mills, D. Q., *Labor-Management Relations,* N.Y., McGraw Hill Book Co., (1986), p.252.

Ng, I., "The Determinants of Union Commitment among University Faculty", *Industrial Relations,* Vol.71, (1989), pp.275-298.

Nunnally, J. C., *Psychometric Theory,* New York, NY: McGraw-Hill, (1978).

Parkes, L.P., Bochner, S. and Schneider, S. K., "Person-Organization fit across cultures: An emprical investigation of individualism and collectivism," *Applied Psychology: An International Review,* Vol.50, (2001), pp.81-108.

Pen, J., "A General Theory of Bargaining," *American Economic Review,* Vol.42, March, (1952), pp.24-42.

Ramamoorthy, N. and Carroll, S. J., "Individualism / Collectivitism Orientations and Reactions toward Alternative Human Management Practices," *Human Relations,* Vol.51, (1998), pp.571-588.

Ramamoorthy, N. and Flood, P. C., "Employee Attitudes and Behavioral Intentions: A test of the Main and Moderation Effects of Individualism-Collectivism Orientations," *Human Relations,* Vol.55, (2002), pp.1071-1096.

Reder, M. and Neumann, G., "Conflict and Contract: The Case of Strikes," *Journal of Political Economy,* Vol.88, No.5, (1980), pp.867-886.

Schutt, R. K., "Model of Militancy: Support for Strikes and Work Actions among Public Employees," *Industrial and Labor Relations Review,* Vol.35, (1982), pp.406-422.

Shirom, A., "Union Militancy: Structural and Personal Determinants," *Industrial Relations,* Vol.16, (1977), pp.152-162.

Shorter E. and Tilly, C., S*trikes in France 1830-1968,* London: Cambridge Univ. Press, (1974).

Snarr, D. N., "Strikers and Nonstrikers: A Social Comparison", *Industrial Relations,* Vol.14, No.3, (1975), pp.371-374.

Snyder,D., "Institutional Setting and Industrial Conflict: Comparative Analyses of France, Italy and United States," *American Sociological Review,* Vol.40, No.3, (1975), pp.259-78.

Steers, R. M., and Rhodes, S. R., "Major Influences on Employee Attendance: A Process Model", *Journal of applied Psychology,* Vol.63. (1978), pp.391-407.

Stern, R. N., "Intermetropolitan Patterns of Strike Frequency," *Industrial and Labor Relations Review,* Vol.29, No.2, (1976), pp.218-235.

Tennenbaum, A. S., Unions, In James G. March, ed., *Handbook of Organizations,* Chicago, Ill.: Rand McNally.

Thacker, J. W., Fields, M. W., and Barclay, L. A., "Union Commitment: An Examination of Antecedents and Outcomes Variables," *Journal of Occupational Psychology,* Vol.63, (1990), pp.33-48.

Ting, L. Y., "In-Group Preference and Homogeneity among African American and Chinese American Students," *Journal of Social Psychology,* Vol.133, (1993), pp.225-235.

Tower, R. K., Kelly, C. and Richards, A., "Individualism, Collectivism and Reward Allocation: A Cross-Cultural Study in Russia and Britain," *The British Journal Social Psychology,* Vol.36, (1997), pp.331-345.

Triandis, H. C., Collectivism vs. Individualism: A Reconceptualization of a Basic Concept in Cross-Cultural Psychology, In Bagley, C., & Verma, G., (eds.), *Personality, Cognition and Values: Cross-Cultural Perspectives of Childhood and Adolescence,* London: MacMillan, (1986), pp.60-95.

Triandis, H. C., Cross-cultural studies of individualism and collectivism. In J. J. Berman(Ed.), *Nebraska Symposium of Motivation,* (1989), pp.41-133 Lincoln: University of Nebraska Press.

Triandis, H. C.,. Individualism and collectivism. Boulder, CO: Westview Press, (1995).

Triandis, H. C., McKuster, C. and Hui, C. H., "Multimethod probes of individualism and collectivism," *Journal of Personality and Social Psychology,* Vol.59, (1990), pp.1006-1020.

Wagner, J. A. and Moch, M. K., "Individualism-Collectivism: Concepts and

165

Measure," *Group and Organization Studies,* Vol.11, (1986), pp.280-303.

Wagner, J. A., "Studies of Individualism-Collectivism: Effects on Cooperation in Groups," *Academy of Management Journal,* Vol.38, (1995), pp.152-172.

Webb, S. and Webb. B., *The History of Trade Unionism,* New York: Longmans Green, (1920), p.1.

Wiener, Y., and Vardi, Y., "Relationships between Job, Organization and Work Outcomes: An intergrative approach", *Organizational Behavior and Human Performance,* Vol.26, (1980), pp.81-96.

부 록

# 노사관계에 관한 설문지

※ 노조 간부님(임원, 상집간부, 대의원, 회계감사)만 응답해 주세요.

Ⅰ. 귀하의 생각과 일치하는 정도에 따라 해당란에 체크해(√) 주시기
바랍니다.

| 항 목 | 매우<br>불만 | ←<br>2 | 보통<br>이다 | →<br>4 | 매우<br>만족 |
|---|---|---|---|---|---|
| 1. 동종업계 타 기업과 비교했을 때 귀사의 임금수준에 대한 만족도는? | 1 | 2 | 3 | 4 | 5 |
| 2. 맡고 있는 업무와 비교했을 때 귀하의 임금수준에 대한 만족도는? | 1 | 2 | 3 | 4 | 5 |
| 3. 귀하의 능력이나 노력에 비교했을 때 귀하의 임금수준에 대한 만족도는? | 1 | 2 | 3 | 4 | 5 |
| 4. 귀하가 받는 임금총액수준에 대한 만족도는? | 1 | 2 | 3 | 4 | 5 |
| 5. 귀하회사의 복지후생시설과 제도의 전반적인 완비 정도에 대한 만족도는? | 1 | 2 | 3 | 4 | 5 |
| 6. 귀하회사의 복지후생시설과 제도로 귀하가 누리는 개인적 혜택에 대한 만족도는? | 1 | 2 | 3 | 4 | 5 |
| 7. 귀하가 이용하는 복지후생시설 및 제도의 편리함에 대한 만족도는? | 1 | 2 | 3 | 4 | 5 |
| 8. 현 직장에서 귀하의 승진 기회에 대한 만족도는? | 1 | 2 | 3 | 4 | 5 |
| 9. 인사이동의 적정성에 대한 만족도는? | 1 | 2 | 3 | 4 | 5 |
| 10. 업무할당 / 부여에 대한 적정성에 대한 만족도는? | 1 | 2 | 3 | 4 | 5 |

| 항 목 | 매우<br>불만 ← | | 보통<br>이다 | → 매우<br>만족 | |
|---|---|---|---|---|---|
| 11. 승진결정의 공정성에 대한 만족도는? | 1 | 2 | 3 | 4 | 5 |
| 12. 인사고과의 객관성에 대한 만족도는? | 1 | 2 | 3 | 4 | 5 |
| 13. 승진 시 고려되는 기준(업적, 근속, 능력 등)에 대한 만족도는? | 1 | 2 | 3 | 4 | 5 |
| 14. 현재 수행하고 있는 일에 대한 재미에 대한 만족도는? | 1 | 2 | 3 | 4 | 5 |
| 15. 현재 수행하고 있는 일로부터 느끼는 보람에 대한 만족도는? | 1 | 2 | 3 | 4 | 5 |
| 16. 현재 수행하고 있는 일의 재량권에 대한 만족도는? | 1 | 2 | 3 | 4 | 5 |
| 17. 현재 수행하고 있는 일에서 능력발휘기회에 대한 만족도는? | 1 | 2 | 3 | 4 | 5 |
| 18. 노사협의회결과에 대한 회사의 이행상태에 대한 만족도는? | 1 | 2 | 3 | 4 | 5 |
| 19. 노사협의회 개최회수에 대한 만족도는? | 1 | 2 | 3 | 4 | 5 |
| 20. 노사협의회 운영방법에 대한 만족도는? | 1 | 2 | 3 | 4 | 5 |
| 21. 노사협의회에서 다루는 안건에 대한 만족도는? | 1 | 2 | 3 | 4 | 5 |

II. 귀하의 생각과 일치하는 정도에 따라 해당란에 체크해(√) 주시기 바랍니다.

| 항 목 | 전혀<br>아니다 ← | | 보통<br>이다 | → 매우<br>그렇다 | |
|---|---|---|---|---|---|
| 1. 나는 노동조합원임을 자랑스럽게 생각한다. | 1 | 2 | 3 | 4 | 5 |
| 2. 나는 때때로 더 좋은 직장을 위해서 회사를 그만두고 싶다. | 1 | 2 | 3 | 4 | 5 |
| 3. 나는 나 자신이 노동조합의 일부라고 느낀다. | 1 | 2 | 3 | 4 | 5 |
| 4. 비록 회사 경영상황이 어렵더라도 다른 직장으로 옮기진 않을 것이다. | 1 | 2 | 3 | 4 | 5 |

170

| 항 목 | 전혀<br>아니다 | ← | 보통<br>이다 | → | 매우<br>그렇다 |
|---|---|---|---|---|---|
| 5. 나는 다른 회사에서 더 많은 돈을 준다 해도 이직할<br>의사가 없다. | 1 | 2 | 3 | 4 | 5 |
| 6. 나는 노동조합에서 일어나는 모든 일들에 대해서<br>많은 관심이 있다. | 1 | 2 | 3 | 4 | 5 |
| 7. 나는 친한 직장동료에게 노조에 가입하라고 권유<br>하고 싶다. | 1 | 2 | 3 | 4 | 5 |

Ⅲ. 귀하의 생각과 일치하는 정도에 따라 해당란에 체크해(√) 주시기
바랍니다.

| 항 목 | 전혀<br>아니다 | ← | | 보통<br>이다 | | → | 매우<br>그렇다 |
|---|---|---|---|---|---|---|---|
| 1. 내가 싫어하는 일이라도 내 가족에게 즐거움이 된다면 기꺼<br>이 하겠다. | 1 | 2 | 3 | 4 | 5 | 6 | 7 |
| 2. 내가 속한 조직의 이익을 위해 내 자신의 이익을 희생하려<br>한다. | 1 | 2 | 3 | 4 | 5 | 6 | 7 |
| 3. 나는 집단과 조화를 유지하는 것이 중요하다고 생각한다. | 1 | 2 | 3 | 4 | 5 | 6 | 7 |
| 4. 나는 작은 것이라도 이웃과 나누는 것을 좋아한다. | 1 | 2 | 3 | 4 | 5 | 6 | 7 |
| 5. 우리는 늙은 부모님을 모시고 살아야 한다고 생각한다. | 1 | 2 | 3 | 4 | 5 | 6 | 7 |
| 6. 나는 동료들이 만족을 얻을 수 있도록 신경을 쓴다. | 1 | 2 | 3 | 4 | 5 | 6 | 7 |
| 7. 나는 만약 친척이 금전적으로 어려움을 겪는다면 힘닿는<br>데까지 도울 것이다. | 1 | 2 | 3 | 4 | 5 | 6 | 7 |
| 8. 나는 내 동료가 상을 받으면 자랑으로 여길 것이다. | 1 | 2 | 3 | 4 | 5 | 6 | 7 |
| 9. 아이들에게는 개인적인 즐거움보다 사회에 대한 의무를<br>먼저 가르쳐야 한다. | 1 | 2 | 3 | 4 | 5 | 6 | 7 |
| 10. 나는 다른 사람과 공동으로 작업을 할 때 즐거움을 느낀다. | 1 | 2 | 3 | 4 | 5 | 6 | 7 |
| 11. 나는 집단에서 다른 사람들의 의견에 동조한다. | 1 | 2 | 3 | 4 | 5 | 6 | 7 |
| 12. 다른 사람과 함께 시간을 보내는 것을 큰 즐거움으로 여<br>긴다. | 1 | 2 | 3 | 4 | 5 | 6 | 7 |

Ⅳ. 만약 귀하의 회사에서 아래와 같은 파업이 일어날 경우 귀하는 어느 정도 참여할 의사가 있는지 체크표시(√)를 해 주시기 바랍니다.

| 항 목 | 절대<br>참여<br>않겠다 | ← | 보<br>통<br>임 | → | 적극<br>참여<br>하겠다 | | |
|---|---|---|---|---|---|---|---|
| 1. 합법적 파업(법률에 위배되지 않는 정당한 파업) | 1 | 2 | 3 | 4 | 5 | 6 | 7 |
| 2. 불법파업(목적, 절차, 방법 등이 법률에 위반되는 불법파업) | 1 | 2 | 3 | 4 | 5 | 6 | 7 |

Ⅴ. 귀사의 사용자는 다음 중 어떠한 노사관계 전략을 사용하고 있다고 생각하시는지 체크표시(√)를 해 주십시오.

① 노조지배전략: 노조를 형식적으로 인정은 하되 끊임없이 어용화·무력화를 시도하려고 하며 노조의 기업에 대한 긍정적인 역할을 인정하지 않음
② 노조동반자전략: 노조를 진정으로 인정하며 노조가 근로자의 진정한 대표조직으로 성장하도록 허용하며 경영의 주요한 파트너로 간주하는 등 기업에 대한 노조의 긍정적인 역할을 인정하고 있음

Ⅵ. 다음은 귀하의 일반적 사항입니다. 각 해당하는 사항에 체크표시(√)를 해 주십시오.

1. 성: ① 남성　　② 여성

2. 결혼 여부: ① 미혼　　② 기혼

3. 연령: ① 20세 이하     ② 21세-30세     ③ 31세-40세     ④ 41세 이상

4. 학력: ① 고졸        ② 전문대졸       ③ 대졸 이상

5. 귀하의 연봉은(세금공제 전 금액, 각종 제 수당을 모두 포함한 금액)
   ① 2,400만 원 미만       ② 3,600만 원 미만
   ③ 4,200만 원 미만       ④ 4,800만 원 미만
   ⑤ 4,800만 원 이상

6. 현 직장 근무연수: ① 1년 미만   ② 1~2년   ③ 3~4년   ④ 5년 이상

7. 조합 내에서의 위치:
   ① 위원장   ② 임원(위원장은 제외)   ③ 대의원   ④ 상집간부   ⑤ 기타

8. 귀하가 노조간부(위원장·임원·대의원·상집간부 등)로 보임된 방법:
   ① 조합원의 선거에 의해서     ② 노조위원장의 임명에 의해서

9. 노조활동 전임 여부:
   ① 전임     ② 비전임     ③ 일부전임(전임시간:          )

10. 귀 노조의 조합원 수: (              )명

11. 귀 노조의 상급단체는: ① 한국노총   ② 민주노총   ③ 없음

12. 귀하의 파업참여 경험은(전 직장 포함): ① 있음   ② 없음

13. 귀 노조의 조직 형태는
   ① 기업별 노조 ② 산업별 노조 ③ 기타(                  )

---

**본 설문에 끝까지 응답해 주셔서 정말 감사드립니다.**

---

### 〈부표 1〉 성별에 따른 독립변수와 종속변수에 대한 t 검증

| 구 분 | 성 별 | | t | p |
|---|---|---|---|---|
| | 여 성 | 남 성 | | |
| 집단주의 | 4.95(0.80) | 5.34(0.60) | -2.72** | 0.009 |
| 노조몰입 | 3.79(0.83) | 4.10(0.67) | -2.44* | 0.014 |
| 조직몰입 | 3.22(0.79) | 3.27(0.92) | -0.33 | 0.739 |
| 임 금 | 2.71(0.96) | 3.01(0.90) | -1.83 | 0.067 |
| 복지후생 | 2.95(0.89) | 3.08(0.92) | -0.77 | 0.440 |
| 인사제도 | 3.24(0.83) | 3.53(0.83) | -1.94 | 0.053 |
| 노사협의회 | 3.01(0.85) | 3.02(0.85) | -0.07 | 0.940 |
| 합법파업성향 | 6.06(1.32) | 6.46(0.90) | -1.72 | 0.094 |
| 불법파업성향 | 4.39(1.8 ) | 4.73(1.88) | -1.03 | 0.309 |

\* p $<$ .05　　\*\* p $<$ .01

### 〈부표 2〉 결혼 여부에 따른 독립변수와 종속변수에 대한 t 검증

| 구 분 | 결혼 여부 | | t | p |
|---|---|---|---|---|
| | 미 혼 | 기 혼 | | |
| 집단주의 | 5.36(0.61) | 5.19(0.67) | 2.00* | 0.046 |
| 노조몰입 | 4.06(0.69) | 4.09(0.70) | -0.32 | 0.746 |
| 조직몰입 | 3.28(0.93) | 3.26(0.83) | 0.16 | 0.870 |
| 임 금 | 2.98(0.87) | 2.96(0.95) | 0.18 | 0.858 |
| 복지후생 | 3.09(0.94) | 3.14(0.84) | -0.36 | 0.716 |
| 인사제도 | 3.54(0.84) | 3.45(0.79) | 0.80 | 0.424 |
| 노사협의회 | 3.02(0.85) | 3.15(0.84) | -1.12 | 0.265 |
| 합법파업성향 | 6.46(0.91) | 6.34(1.03) | 0.97 | 0.332 |
| 불법파업성향 | 4.74(1.83) | 4.77(1.91) | -0.12 | 0.905 |

\* p $<$ .05

### 〈부표 3〉 노조간부 보임방법에 따른 독립변수와 종속변수에 대한 t 검증

| 구 분 | 노조간부 보임방법 | | t | p |
|---|---|---|---|---|
| | 조합원의 선거 | 노조위원장의 임명 | | |
| 집단주의 | 5.27(0.66) | 5.37(0.56) | −1.47 | 0.143 |
| 노조몰입 | 4.02(0.72) | 4.18(0.62) | −2.22* | 0.026 |
| 조직몰입 | 3.30(0.90) | 3.22(0.91) | 0.81 | 0.417 |
| 임 금 | 2.89(0.91) | 3.14(0.93) | −2.51* | 0.012 |
| 복지후생 | 2.96(0.91) | 3.24(0.91) | −2.84** | 0.004 |
| 인사제도 | 3.42(0.81) | 3.68(0.84) | −2.92** | 0.003 |
| 노사협의회 | 2.96(0.81) | 3.12(0.93) | −1.70 | 0.089 |
| 합법파업성향 | 6.32(1.02) | 6.64(0.76) | −3.37*** | 0.000 |
| 불법파업성향 | 4.41(1.90) | 5.19(1.78) | −3.90*** | 0.000 |

\* p〈.05 \*\* p〈.01 \*\*\* p〈.001

### 〈부표 4〉 파업참여 경험에 따른 독립변수와 종속변수에 대한 t 검증

| 구 분 | 파업참여 경험 | | t | p |
|---|---|---|---|---|
| | 있 음 | 없 음 | | |
| 집단주의 | 5.35(0.60) | 5.21(0.67) | 2.02* | 0.044 |
| 노조몰입 | 4.11(0.69) | 3.99(0.66) | 1.48 | 0.140 |
| 조직몰입 | 3.28(0.91) | 3.26(0.91) | 0.19 | 0.846 |
| 임 금 | 3.10(0.91) | 2.75(0.87) | 3.41*** | 0.000 |
| 복지후생 | 3.23(0.93) | 2.74(0.77) | 5.24*** | 〈.0001 |
| 인사제도 | 3.71(0.75) | 3.06(0.83) | 7.34*** | 〈.0001 |
| 노사협의회 | 3.10(0.87) | 2.86(0.79) | 2.55* | 0.011 |
| 합법파업성향 | 6.56(0.81) | 6.12(1.16) | 3.58*** | 0.000 |
| 불법파업성향 | 5.15(1.68) | 3.70(1.90) | 7.26*** | 〈.0001 |

\* p〈.05 \*\* p〈.01 \*\*\* p〈.001

### 〈부표 5〉 노조조직 형태에 따른 독립변수와 종속변수에 대한 t 검증

| 구 분 | 노조의 조직 형태 | | t | p |
|---|---|---|---|---|
| | 기업별 노조 | 산업별 노조 | | |
| 집단주의 | 5.30(0.66) | 5.33(0.56) | -0.56 | 0.577 |
| 노조몰입 | 4.05(0.67) | 4.10(0.72) | -0.65 | 0.516 |
| 조직몰입 | 3.30(0.86) | 3.23(0.98) | 0.75 | 0.454 |
| 임 금 | 2.91(0.89) | 3.12(0.95) | $-2.16^{*}$ | 0.031 |
| 복지후생 | 2.91(0.87) | 3.35(0.94) | $-4.52^{***}$ | 〈.0001 |
| 인사제도 | 3.32(0.86) | 3.82(0.69) | $-5.77^{***}$ | 〈.0001 |
| 노사협의회 | 2.98(0.86) | 3.09(0.85) | -1.15 | 0.250 |
| 합법파업성향 | 6.28(1.06) | 6.67(0.67) | $-4.30^{***}$ | 〈.0001 |
| 불법파업성향 | 4.28(1.90) | 5.43(1.56) | $-6.34^{***}$ | 〈.0001 |

\* $p < .05$   \*\*\* $p < .001$

### 〈부표 6〉 사용자의 노사관계 전략에 따른 독립변수와 종속변수에 대한 t 검증

| 구 분 | 노사관계 전략 | | t | p |
|---|---|---|---|---|
| | 노조동반자 전략 | 노조지배 전략 | | |
| 집단주의 | 5.32(0.59) | 5.33(0.69) | -0.09 | 0.928 |
| 노조몰입 | 4.04(0.64) | 4.16(0.72) | -1.63 | 0.104 |
| 조직몰입 | 3.28(0.88) | 3.24(0.94) | 0.45 | 0.653 |
| 임 금 | 2.80(0.88) | 3.21(0.93) | $-4.04^{***}$ | 〈.0001 |
| 복지후생 | 2.78(0.81) | 3.43(0.94) | $-6.66^{***}$ | 〈.0001 |
| 인사제도 | 3.26(0.80) | 3.88(0.70) | $-7.24^{***}$ | 〈.0001 |
| 노사협의회 | 2.75(0.80) | 3.39(0.81) | $-7.07^{***}$ | 〈.0001 |
| 합법파업성향 | 6.32(0.98) | 6.65(0.75) | $-3.49^{***}$ | 0.000 |
| 불법파업성향 | 4.13(1.94) | 5.33(1.65) | $-6.00^{***}$ | 〈.0001 |

\*\*\* $p < .001$

〈부표 7〉 연령에 따른 독립변수와 종속변수에 대한 F 검증

| 구 분 | 사후분석 | | 평 균 | N | 연 령 | F |
|---|---|---|---|---|---|---|
| 집단주의 | | A | 5.56 | 20 | 40대 이상 | 3.91[*] |
| | B | A | 5.35 | 261 | 30대 | |
| | B | | 5.17 | 86 | 20대 | |
| 노조몰입 | | A | 4.10 | 261 | 30대 | 1.04 |
| | | A | 4.00 | 20 | 40대 이상 | |
| | | A | 3.98 | 86 | 20대 | |
| 조직몰입 | | A | 3.48 | 20 | 40대 이상 | 2.35 |
| | | A | 3.30 | 261 | 30대 | |
| | | A | 3.09 | 86 | 20대 | |
| 임 금 | | A | 3.08 | 20 | 40대 이상 | 1.74 |
| | | A | 3.03 | 261 | 30대 | |
| | | A | 2.82 | 86 | 20대 | |
| 복지후생 | | A | 3.11 | 20 | 40대 이상 | 0.06 |
| | | A | 3.06 | 86 | 20대 | |
| | | A | 3.04 | 261 | 30대 | |
| 인사제도 | | A | 3.75 | 20 | 40대 이상 | 3.45[*] |
| | B | A | 3.54 | 261 | 30대 | |
| | B | | 3.31 | 86 | 20대 | |
| 노사협의회 | | A | 3.50 | 20 | 40대 이상 | 3.91[*] |
| | B | | 3.06 | 85 | 20대 | |
| | B | | 2.96 | 261 | 30대 | |
| 합법파업 성향 | | A | 6.70 | 20 | 40대 이상 | 1.47 |
| | | A | 6.44 | 261 | 30대 | |
| | | A | 6.31 | 86 | 20대 | |
| 불법파업 성향 | | A | 4.76 | 260 | 30대 | .74 |
| | | A | 4.65 | 20 | 40대 이상 | |
| | | A | 4.47 | 86 | 20대 | |

* $p < .05$

〈부표 8〉 학력에 따른 독립변수와 종속변수에 대한 F 검증

| 구 분 | 사후분석 | 평 균 | N | 학 력 | F |
|---|---|---|---|---|---|
| 집단주의 | A | 5.34 | 297 | 고졸 | |
| | A | 5.24 | 67 | 전문대졸 | 1.16 |
| | A | 5.13 | 12 | 대졸 이상 | |
| 노조몰입 | A | 4.16 | 12 | 대졸 이상 | |
| | A | 4.10 | 297 | 고졸 | 1.52 |
| | A | 3.94 | 67 | 전문대졸 | |
| 조직몰입 | A | 3.32 | 297 | 고졸 | |
| | A | 3.22 | 12 | 대졸 이상 | 2.10 |
| | A | 3.06 | 67 | 전문대졸 | |
| 임금 | A | 3.12 | 12 | 대졸 이상 | |
| | A | 3.01 | 297 | 고졸 | 1.15 |
| | A | 2.83 | 67 | 전문대졸 | |
| 복지후생 | A | 3.11 | 297 | 고졸 | |
| | A | 3.00 | 12 | 대졸 이상 | 2.00 |
| | A | 2.87 | 67 | 전문대졸 | |
| 인사제도 | A | 3.52 | 297 | 고졸 | |
| | A | 3.46 | 67 | 전문대졸 | 0.67 |
| | A | 3.26 | 12 | 대졸 이상 | |
| 노사협의회 | A | 3.07 | 296 | 고졸 | |
| | B | 2.82 | 67 | 전문대졸 | 3.23* |
| | B | 2.70 | 12 | 대졸 이상 | |
| 합법파업 성향 | A | 6.44 | 297 | 고졸 | |
| | A | 6.43 | 67 | 전문대졸 | 0.52 |
| | A | 6.16 | 12 | 대졸 | |
| 불법파업 성향 | A | 4.81 | 297 | 고졸 | |
| | A | 4.27 | 66 | 전문대졸 | 2.68 |
| | A | 4.25 | 12 | 대졸 | |

* p〈.05 ** p〈.01 *** p〈.001

〈부표 9〉 연봉에 따른 독립변수와 종속변수에 대한 F 검증

| 구 분 | 사후분석 | | 평 균 | N | 연 봉 | F |
|---|---|---|---|---|---|---|
| 집단주의 | | A | 5.51 | 14 | 4800만 원 이상 | |
| | | A | 5.40 | 32 | 4800만 원 미만 | |
| | | A | 5.32 | 79 | 4200만 원 미만 | 0.83 |
| | | A | 5.31 | 172 | 3600만 원 미만 | |
| | | A | 5.23 | 82 | 2400만 원 미만 | |
| 노조몰입 | | A | 4.46 | 14 | 4800만 원 이상 | |
| | B | A | 4.32 | 32 | 4800만 원 미만 | |
| | C | B | 4.07 | 172 | 3600만 원 미만 | 3.02* |
| | C | B | 4.05 | 79 | 4200만 원 미만 | |
| | C | | 3.93 | 82 | 2400만 원 미만 | |
| 조직몰입 | | A | 4.04 | 14 | 4800만 원 이상 | |
| | B | | 3.58 | 32 | 4800만 원 미만 | |
| | C | B | 3.32 | 79 | 4200만 원 미만 | 6.02*** |
| | C | B | 3.27 | 172 | 3600만 원 미만 | |
| | C | | 2.97 | 82 | 2400만 원 미만 | |
| 임 금 | | A | 3.45 | 82 | 2400만 원 미만 | |
| | B | | 2.96 | 32 | 4800만 원 미만 | |
| | B | | 2.92 | 172 | 3600만 원 미만 | 11.33** |
| | B | | 2.83 | 79 | 4200만 원 미만 | |
| | C | | 1.98 | 14 | 4800만 원 이상 | |
| 복지후생 | | A | 3.38 | 82 | 2400만 원 미만 | |
| | | A | 3.04 | 172 | 3600만 원 미만 | |
| | | A | 3.01 | 79 | 4200만 원 미만 | 5.41*** |
| | | A | 2.95 | 32 | 4800만 원 미만 | |
| | B | | 2.28 | 14 | 4800만 원 이상 | |

\* p < .05 \*\*\* p < .001

| 구 분 | 사후분석 | | 평 균 | N | 연 봉 | F |
|---|---|---|---|---|---|---|
| 인사제도 | A | | 3.70 | 82 | 2400만 원 미만 | 3.24* |
| | A | | 3.63 | 32 | 4800만 원 미만 | |
| | A | | 3.49 | 172 | 3600만 원 미만 | |
| | A | | 3.42 | 79 | 4200만 원 미만 | |
| | B | | 2.92 | 14 | 4800만 원 이상 | |
| 노사협의회 | A | | 3.31 | 82 | 2400만 원 미만 | 4.5** |
| | A | | 3.00 | 32 | 4800만 원 미만 | |
| | A | | 2.98 | 171 | 3600만 원 미만 | |
| | A | | 2.93 | 79 | 4200만 원 미만 | |
| | B | | 2.42 | 14 | 4800만 원 이상 | |
| 합법파업성향 | A | | 6.78 | 32 | 4800만 원 미만 | 1.73 |
| | B | A | 6.64 | 14 | 4800만 원 이상 | |
| | B | A | 6.43 | 172 | 3600만 원 미만 | |
| | B | A | 6.39 | 82 | 2400만 원 미만 | |
| | B | | 6.29 | 79 | 4200만 원 미만 | |
| 불법파업성향 | A | | 5.18 | 32 | 4800만 원 미만 | 0.83 |
| | A | | 4.79 | 79 | 4200만 원 미만 | |
| | A | | 4.65 | 82 | 2400만 원 미만 | |
| | A | | 4.63 | 171 | 3600만 원 미만 | |
| | A | | 4.28 | 14 | 4800만 원 미만 | |

\* p $<$ .05 \*\* p $<$ .01 \*\*\* p $<$ .001

〈부표 10〉 근무연수에 따른 독립변수와 종속변수에 대한 F 검증

| 구 분 | 사후분석 | | 평 균 | N | 근무연수 | F |
|---|---|---|---|---|---|---|
| 집단주의 | A | | 5.68 | 6 | 1-2년 | 1.90 |
| | B | A | 5.32 | 337 | 5년 이상 | |
| | B | A | 5.24 | 32 | 3-4년 | |
| | B | | 4.66 | 3 | 1년 미만 | |

| 구 분 | 사후분석 | | 평 균 | N | 근무연수 | F |
|---|---|---|---|---|---|---|
| 노조몰입 | | A | 4.16 | 32 | 3-4년 | 0.30 |
| | | A | 4.12 | 6 | 1-2년 | |
| | | A | 4.07 | 337 | 5년 이상 | |
| | | A | 3.83 | 3 | 1년 미만 | |
| 조직몰입 | | A | 3.31 | 337 | 5년 이상 | 1.78 |
| | | A | 3.22 | 6 | 1-2년 | |
| | | A | 2.94 | 32 | 3-4년 | |
| | | A | 2.88 | 3 | 1년 미만 | |
| 임 금 | | A | 3.79 | 6 | 1-2년 | 2.33 |
| | B | A | 3.05 | 32 | 3-4년 | |
| | B | A | 2.96 | 337 | 5년 이상 | |
| | B | | 2.25 | 3 | 1년 미만 | |
| 복지후생 | | A | 3.66 | 6 | 1-2년 | 3.82* |
| | | A | 3.27 | 32 | 3-4년 | |
| | | A | 3.05 | 337 | 5년 이상 | |
| | B | | 1.66 | 3 | 1년 미만 | |
| 인사제도 | | A | 3.69 | 6 | 1-2년 | 0.56 |
| | | A | 3.51 | 337 | 5년 이상 | |
| | | A | 3.48 | 32 | 3-4년 | |
| | | A | 2.94 | 3 | 1년 미만 | |
| 노사협의회 | | A | 3.70 | 6 | 1-2년 | 1.90 |
| | B | A | 3.13 | 32 | 3-4년 | |
| | B | A | 3.00 | 336 | 5년 이상 | |
| | B | | 2.50 | 3 | 1년 미만 | |
| 합법적업 성향 | | A | 6.83 | 6 | 2-3년 | 0.56 |
| | | A | 6.66 | 3 | 1년 미만 | |
| | | A | 6.53 | 32 | 3-4년 | |
| | | A | 6.41 | 337 | 5년 이상 | |
| 불법파업 성향 | | A | 5.83 | 6 | 2-3년 | 1.75 |
| | B | A | 4.93 | 32 | 4-5년 | |
| | B | A | 4.67 | 336 | 5년 이상 | |
| | B | | 3.00 | 3 | 1년 미만 | |

\* p < .05

182

〈부표 11〉 조합 내 위치에 따른 독립변수와 종속변수에 대한 F 검증

| 구 분 | 사후분석 | | 평 균 | N | 조합 내 위치 | F |
|---|---|---|---|---|---|---|
| 집단주의 | A | | 5.69 | 21 | 위원장 | 3.79** |
| | B | | 5.36 | 137 | 상집간부 | |
| | B | | 5.35 | 81 | 임 원 | |
| | B | | 5.28 | 17 | 기 타 | |
| | B | | 5.17 | 123 | 대의원 | |
| 노조몰입 | A | | 4.53 | 21 | 위원장 | 6.66*** |
| | B | | 4.18 | 137 | 상집간부 | |
| | B | | 4.11 | 81 | 임 원 | |
| | B | | 3.94 | 17 | 기 타 | |
| | B | | 3.86 | 123 | 대의원 | |
| 조직몰입 | A | | 3.68 | 21 | 위원장 | 2.76* |
| | B | A | 3.45 | 81 | 임 원 | |
| | B | A | 3.27 | 17 | 기 타 | |
| | B | A | 3.24 | 137 | 상집간부 | |
| | B | . | 3.12 | 123 | 대의원 | |
| 임 금 | A | | 3.10 | 137 | 상집간부 | 0.90 |
| | A | | 2.94 | 17 | 기 타 | |
| | A | | 2.93 | 123 | 대의원 | |
| | A | | 2.92 | 81 | 임 원 | |
| | A | | 2.86 | 21 | 위원장 | |
| 복지후생 | A | | 3.34 | 21 | 위원장 | 3.18* |
| | B | A | 3.26 | 137 | 상집간부 | |
| | B | A | 2.94 | 123 | 대의원 | |
| | B | | 2.93 | 81 | 임 원 | |
| | B | | 2.90 | 17 | 기 타 | |

* p〈.05     ** p〈.01     *** p〈.001

183

| 구  분 | 사후분석 | 평  균 | N | 조합 내 위치 | F |
|---|---|---|---|---|---|
| 인사제도 | A | 3.76 | 21 | 위원장 | 4.36** |
|  | A | 3.64 | 137 | 상집간부 |  |
|  | A | 3.55 | 81 | 임  원 |  |
|  | A | 3.38 | 123 | 대의원 |  |
|  | B | 2.91 | 17 | 기  타 |  |
| 노사협의회 | A | 3.10 | 137 | 상집간부 | 1.07 |
|  | A | 3.05 | 122 | 대의원 |  |
|  | A | 3.01 | 17 | 기  타 |  |
|  | A | 2.94 | 21 | 위원장 |  |
|  | A | 2.86 | 81 | 임  원 |  |
| 합법파업<br>성향 | A | 6.85 | 21 | 위원장 | 10.50*** |
|  | A | 6.64 | 81 | 임  원 |  |
|  | A | 6.62 | 137 | 상집간부 |  |
|  | B | 6.08 | 123 | 대의원 |  |
|  | B | 5.76 | 17 | 기  타 |  |
| 불법파업<br>성향 | A | 5.28 | 21 | 위원장 | 8.92*** |
|  | A | 5.19 | 137 | 상집간부 |  |
|  | B  A | 4.77 | 80 | 임  원 |  |
|  | B | 4.24 | 123 | 대의원 |  |
|  | C | 3.00 | 17 | 기  타 |  |

* p 〈 .05    ** p 〈 .01    *** p 〈 .001

〈부표 12〉 노조전임 여부에 따른 독립변수와 종속변수에 대한 F 검증

| 구 분 | 사후분석 | 평 균 | N | 노조활동 전임 여부 | F |
|---|---|---|---|---|---|
| 집단주의 | A | 5.45 | 142 | 전 임 | |
| | A | 5.45 | 21 | 일부전임 | 7.57*** |
| | B | 5.20 | 200 | 비전임 | |
| 노조몰입 | A | 4.21 | 142 | 전 임 | |
| | B | A | 4.17 | 21 | 일부전임 | 5.12** |
| | B | 3.98 | 200 | 비전임 | |
| 조직몰입 | A | 3.47 | 142 | 전 임 | |
| | B | A | 3.17 | 200 | 비전임 | 5.59** |
| | B | 3.04 | 21 | 일부전임 | |
| 임 금 | A | 3.25 | 21 | 일부전임 | |
| | A | 2.98 | 142 | 전 임 | 0.86 |
| | A | 2.97 | 200 | 비전임 | |
| 복지후생 | A | 3.39 | 21 | 일부전임 | |
| | A | 3.12 | 142 | 전 임 | 1.87 |
| | A | 3.02 | 200 | 비전임 | |
| 인사제도 | A | 3.89 | 21 | 일부전임 | |
| | B | 3.49 | 200 | 비전임 | 2.25 |
| | B | 3.49 | 142 | 전 임 | |
| 노사협의회 | A | 3.26 | 21 | 일부전임 | |
| | A | 3.01 | 199 | 비전임 | 0.83 |
| | A | 3.00 | 142 | 전 임 | |
| 합법파업 성향 | A | 6.71 | 21 | 일부전임 | |
| | A | 6.67 | 142 | 전 임 | 9.98** |
| | B | 6.24 | 200 | 비전임 | |
| 불법파업 성향 | A | 5.38 | 21 | 일부전임 | |
| | B | A | 4.97 | 142 | 전 임 | 4.51* |
| | B | 4.46 | 199 | 비전임 | |

* p〈.05 ** p〈.01 *** p〈.001

185

〈부표 13〉 조합원 수에 따른 독립변수와 종속변수에 대한 F 검증

| 구 분 | 사후분석 | | | 평 균 | N | 노조 조합원 수<br>단위: 백(명) | F |
|---|---|---|---|---|---|---|---|
| 집단주의 | | A | | 5.67 | 10 | 2000명 미만 | 3.13** |
| | B | A | | 5.44 | 65 | 1000명 미만 | |
| | B | A | C | 5.42 | 82 | 2000명 이상 | |
| | B | | C | 5.23 | 134 | 500명 미만 | |
| | B | | C | 5.23 | 60 | 1500명 미만 | |
| | | | C | 5.10 | 29 | 100명 미만 | |
| 노조몰입 | | A | | 4.65 | 10 | 2000명 미만 | 5.39*** |
| | | B | | 4.25 | 65 | 1000명 미만 | |
| | | B | | 4.19 | 60 | 1500명 미만 | |
| | | B | | 4.12 | 82 | 2000명 이상 | |
| | C | B | | 3.93 | 134 | 500명 미만 | |
| | C | | | 3.75 | 29 | 100명 미만 | |
| 조직몰입 | | A | | 4.23 | 10 | 2000명 미만 | 5.78*** |
| | | B | | 3.55 | 65 | 1000명 미만 | |
| | | B | | 3.31 | 60 | 1500명 미만 | |
| | C | B | | 3.22 | 82 | 2000명 이상 | |
| | C | B | | 3.19 | 134 | 500명 미만 | |
| | C | | | 2.78 | 29 | 100명 미만 | |
| 임 금 | | A | | 3.17 | 29 | 100명 미만 | 0.82 |
| | | A | | 3.06 | 134 | 500명 미만 | |
| | | A | | 2.98 | 82 | 2000명 이상 | |
| | | A | | 2.89 | 60 | 1500명 미만 | |
| | | A | | 2.88 | 65 | 1000명 미만 | |
| | | A | | 2.77 | 10 | 2000명 미만 | |

* $p < .05$ ** $p < .01$ *** $p < .001$

| 구 분 | 사후분석 | | | 평 균 | N | 조합원 수 | F |
|---|---|---|---|---|---|---|---|
| 복지후생 | A | | | 3.24 | 29 | 100명 미만 | 3.37 ** |
| | A | | | 3.22 | 60 | 1500명 미만 | |
| | A | | | 3.15 | 134 | 500명 미만 | |
| | A | | | 3.13 | 65 | 1000명 미만 | |
| | A | | | 2.83 | 82 | 2000명 이상 | |
| | B | | | 2.30 | 10 | 2000명 미만 | |
| 인사제도 | | A | | 3.68 | 29 | 100명 미만 | 1.93 |
| | | A | | 3.61 | 134 | 500명 미만 | |
| | B | A | | 3.57 | 65 | 1000명 미만 | |
| | B | A | | 3.40 | 60 | 1500명 미만 | |
| | B | A | | 3.35 | 82 | 2000명 이상 | |
| | B | | | 3.15 | 10 | 2000명 미만 | |
| 노사협의회 | A | | | 3.28 | 29 | 100명 미만 | 1.58 |
| | A | | | 3.11 | 60 | 1500명 미만 | |
| | A | | | 3.03 | 82 | 2000명 이상 | |
| | A | | | 3.00 | 134 | 500명 미만 | |
| | A | | | 2.93 | 64 | 1000명 미만 | |
| | B | | | 2.50 | 10 | 2000명 미만 | |
| 합법파업 성향 | A | | | 6.69 | 65 | 1000명 미만 | 1.76 |
| | A | | | 6.53 | 60 | 1500명 미만 | |
| | A | | | 6.48 | 29 | 100명 미만 | |
| | A | | | 6.40 | 10 | 2000명 미만 | |
| | A | | | 6.32 | 134 | 500명 미만 | |
| | A | | | 6.30 | 82 | 2000명 이상 | |
| 불법파업 성향 | . | A | . | 5.18 | 82 | 2000명 이상 | 4.05** |
| | . | A | . | 5.13 | 65 | 1000명 미만 | |
| | B | A | . | 4.80 | 60 | 1500명 미만 | |
| | B | A | C | 4.37 | 133 | 500명 미만 | |
| | B | | C | 4.00 | 29 | 100명 미만 | |
| | B | | C | 3.80 | 10 | 2000명 미만 | |

* p 〈 .05 ** p 〈 .01 *** p 〈 .001

주) F 검증으로 유의한 차이를 나타낸 변수에 한하여 사후분석방법으로 Duncan방법과 LSD방법을 사용하였음.

## 윤 찬 성

- 충북대학교 경영학사
- 고려대학교 경영학 석사
- 충북대학교 경영학 박사(인사 · 조직 · 노사관계 전공)
- 공인노무사
- 인사관리학회 회원
- 인적자원관리학회 회원
- 인적자원개발학회 회원
- 하이닉스반도체 근무

주요논저
「노조간부의 파업성향 결정요인에 관한 연구: 소속노총의 조절효과를 중심으로」
「노사관계에 대한 사용자의 인식연구」
「파업기간중 비조합원의 대체근로 가능여부」
「일괄사표제출과 특정인에 대한 사표수리의 정당성」

## 구 건 서

- 공인노무사
- B&K 휴먼캐피탈 대표컨설턴트
- 노무법인 B&K 대표공인노무사
- 중앙경제HR교육원 원장
- 중앙노동위원회 공익위원
- 한국노동교육원 객원교수

주요논저
「노동법 어떻게 접근할 것인가①, ②(1997, 중앙경제)

「새노동법 해설 (1997, 중앙경제)
「산재보험급여 및 임금체계에 관한 연구(1997, 노동연구원 수료논문)
「IMF극복을 위한 노동법과 노사관계(1998, 중앙경제)
「과로사와 산재보상(1999, 중앙경제)
「노사협력적 고용조정메뉴얼(1999, 공저, 노사정위원회)
「중소기업형 연봉제 (1999, 공저, 한국능률협회)
「오르지 못할 나무는 엘리베이터를 타라(2000, 자서전, 삶과꿈)
「노사혁신프로젝트(2004, 중앙경제)
「퇴직연금(2006, 공저, 중앙경제)
「세무사를 위한 노동법 실무(2006, 한국세무사회)
「CEO를 위한 비정규직보호법(2007, 대한상공회의소)
「채용에서 퇴직까지 근로기준법(2007, 중앙경제)

## 소속노총의 조절효과로 본 노조간부의 파업성향

- 초판 인쇄    2007년 6월 30일
- 초판 발행    2007년 6월 30일

- 지 은 이    윤찬성 · 구건서
- 펴 낸 이    채종준
- 펴 낸 곳    한국학술정보㈜
              경기도 파주시 교하읍 문발리 526-2
              파주출판문화정보산업단지
              전화   031) 908-3181(대표) · 팩스   031) 908-3189
              홈페이지  http://www.kstudy.com
              e-mail(출판사업팀사업부)   publish@kstudy.com
- 등    록    제일산-115호(2000. 6. 19)
- 가    격    12,000원

ISBN    978-89-534-7005-7 93320 (Paper Book)
        978-89-534-7006-4 98320 (e-Book)